I0080404

L 44
L b
1709

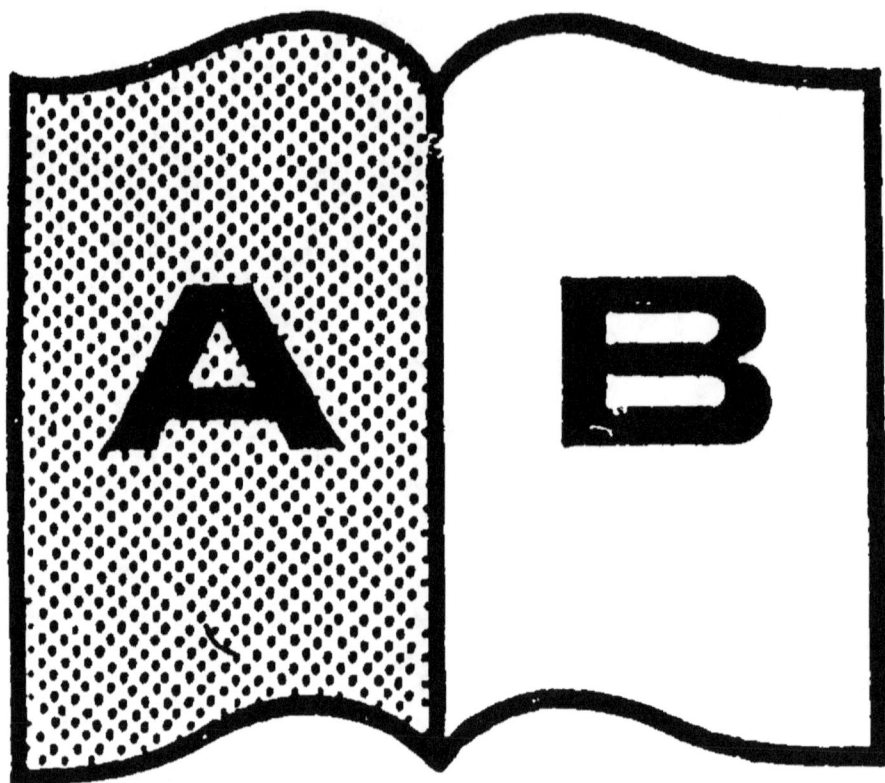

Contraste insuffisant

NF Z 43-120-14

OUVRAGE INSTRUCTIF PAR A. DE VREESE
· VALENCIENNES ·

NAPOLÉON Ier

EMPEREUR

RÉSUMÉ DE SA VIE MILITAIRE

HARANGUES

ET PROCLAMATIONS A SES ARMÉES

14
709b

· 1904 ·
IMPRIMERIE G. HOLLANDE

DÉPOT LÉGAL
Nord
4/110 15 C
1904

Lb 44

NAPOLÉON BONAPARTE

HARANGUES & PROCLAMATIONS

BIBLIOTHÈQUE ... IMPRIMÉS.

PRÉFACE

Les harangues et proclamations de Napoléon Ier sont toute sa vie. Depuis le jour où il prit le commandement de l'armée d'Italie jusqu'au jour où s'écroula sa fortune, cet homme extraordinaire, le plus grand capitaine de son temps, sinon de tout les temps agit sur l'esprit des masses autant par la puissance de sa parole que par celle de son épée. Aussi, quel que soit le jugement que l'on porte sur le grand drame dont il fut le héros, rien n'en rappelle mieux toutes les circonstances, les scènes et les péripéties que ces discours où l'énergie brûlante de l'improvisation se joint à la force et à l'élévation de la pensée. De date en date, toute l'histoire de cette carrière si rapide, si étonnante et si glorieuse se trouve reproduite dans ces pages véritablement vécues. Général de la République, consul, empereur, Napoléon Bonaparte s'y peint tel qu'il fut réellement avec tous les traits de son caractère et de son génie. On le voit agir, on l'entend parler, et l'on se sent électrisé comme ces vaillantes armées que, de lutte en lutte et, pendant près de vingt ans ; de victoire en victoire, il conduisit à travers toute l'Europe.

Ce recueil met sous les yeux du lecteur le tableau animé de cette époque inoubliable. Ceux qui la connaissent, pour l'avoir étudiée dans des ouvrages historiques, en auront ici le résumé le plus concis et le plus complet qu'il soit possible d'en donner sans rien ôter à l'intérêt et sans lasser un seul instant l'attention Ceux qui, appartenant aux nouvelles générations, débutent dans l'étude des commencements de ce siècle qui touche à sa fin, y trouveront le même charme qu'au plus émouvant des romans. Tous, en un mot, aimeront à lire ou à relire cette merveilleuse épopée où la réalité a toutes les fascinations du plus fantastique des rêves, les malheurs, le cœur même de la France tiennent successivement toute la place.

CAMPAGNE D'ITALIE

I

Napoléon Bonaparte naquit à Ajaccio, capitale de la Corse, le 15 Août 1769. Ses ancêtres, italiens d'origine, appartenaient à une ancienne et noble maison de la Toscane. A dix ans environ, il entra à l'école militaire de Brienne où il se distingua par ses progrès en mathématiques et fit prévoir à ses maîtres ses brillantes destinées. En 1783, il fut désigné au concours, pour aller terminer son éducation à l'école militaire de Paris. Il en sortit en 1787, et entra dans le 1er régiment d'artillerie, dit de La Fère, en qualité de lieutenant en second ; il obtint ensuite le grade de lieutenant en premier dans le régiment de Grenoble, fut nommé capitaine en 1792, chef de bataillon en 1793, et lieutenant-colonel la même année, toujours dans l'artillerie. Il occupait ce dernier grade à l'époque où les Anglais venaient de s'emparer de Toulon. Dugommier, qui commandait le siège de cette ville le désigna pour conduire les opérations d'artillerie, et ce fut au plan d'attaque du jeune officier que l'on dut la prise de la place. Cette belle conduite lui valut le grade de général de brigade. Il fut nommé général en chef de l'armée de l'intérieur le 26 octobre 1795, quelques jours après le 13 vendémiaire. Le 23 février 1796, il reçut le commandement de l'armée d'Italie, dont le quartier général était à Nice. Bonaparte trouva cette armée dans l'état de dénuement le plus misérable. C'est alors qu'au moment d'entrer en campagne il adressa à ses troupes la proclamation suivante :

Alberga, le 20 germinal an IV (10 avril 1796).

Soldats ! vous êtes mal nourris, presque nus. Le Gouvernement vous doit beaucoup, mais ne peut rien pour vous. Votre patience, votre courage vous honorent, mais ne vous procurent ni avantage, ni gloire. Je vais vous conduire dans les plus fertiles plaines du monde : vous y trouverez de grandes villes, de riches provinces : vous y trouverez honneur, gloire, richesse. Soldats d'Italie ! manqueriez-vous de courage et de constance !!!

II

La campagne d'Italie s'ouvrit le 21 germinal an IV (11 avril 1796). En douze jours l'armée française remporte sur les Autrichiens et les Sardes combinés, commandés par Beaulieu et Colli, six victoires : *Montenotte, Millesimo, Dego, San Juan, Saint-Michel, Mondovi*. Bonaparte, après ces glorieuses journées, parle ainsi à son armée :

Chérasco, le 7 floréal an IV (26 avril 1796).

Soldats ! vous avez, en quinze jours, remporté six victoires; pris vingt-et-un drapeaux, cinquante pièces de canon, plusieurs places fortes, et conquis la plus riche partie du Piémont.

Vous avez fait quinze mille prisonniers, tué ou blessé plus de dix mille hommes. Vous vous étiez jusqu'ici battus pour des rochers stériles illustrés par votre courage, mais inutiles pour la patrie. Vous égalez aujourd'hui par vos services l'armée conquérante de la Hollande et du Rhin. Dénués de tout, vous avez suppléé à tout. Vous avez gagné des batailles sans canon ; passé des rivières sans pont ; fait des marches forcées sans souliers ; bivouaqué sans eau de-vie et souvent sans pain. Les phalanges républicaines. les soldats de la liberté étaient seuls capables de souffrir ce que vous avez souffert. Grâces vous en soient rendues, soldats ! La patrie reconnaissante vous devra en partie sa prospérité ; et si, vainqueurs de Toulon, vous présageâtes l'immortelle campagne de 1793, vos victoires actuelles en présagent une plus glorieuse encore. Les deux armées qui naguères vous attaquaient avec audace, fuient épouvantées devant vous. Les hommes pervers qui riaient de votre misère, et se réjouissaient, dans leur pensée, des triomphes de nos ennemis, sont confondus et tremblants. Mais, soldats ! il ne faut pas vous le dissimuler, vous n'avez rien fait, puisqu'il vous reste encore à faire. Ni Turin, ni Milan ne sont à vous. Les cendres des vainqueurs de Tarquin sont encore foulées par les assassins de Basseville. Vous étiez dénués de tout au commencement de la campagne, vous êtes aujourd'hui abondamment pourvus. Les magasins pris à vos ennemis sont nombreux ; l'artillerie de siège et de campagne est arrivée. Soldats ! la patrie a droit d'attendre de vous de grandes choses. Justifierez vous son attente ? Les plus grands obstacles sont franchis sans doute, mais vous avez encore des combats à livrer, des villes à prendre, des rivières à passer. En est il entre nous dont le courage s'amollisse ? En est-il qui préfèreraient retourner sur les sommets de l'Apennin ou des Alpes essuyer patiemment les injures de cette soldatesque esclave ? Non ; il n'en est pas parmi les vainqueurs de Montenotte, de Millésimo, de Dégo de Mondovi. Tous brûlent de porter au loin la gloire du peuple français ! Tous veulent humilier ces rois orgueilleux qui osaient méditer de nous donner des fers ! Tous veulent dicter une paix glorieuse et qui indemnise là patrie des sacrifices immenses qu'elle a faits.

Amis ! je vous la promets cette conquête ; mais il est une condition qu'il faut que vous juriez de remplir, c'est de respecter les peuples que vous délivrez ; c'est de réprimer les pillages horribles auxquels se portent des scélérats suscités par vos ennemis. Sans cela vous ne seriez point les libérateurs des peuples, vous en seriez les fléaux. Vous ne seriez point

l'honneur du peuple français ; il vous désavouerait. Vos victoires, votre courage, vos succès, le sang de nos frères morts
aux combats, tout serait perdu, même l'honneur et la gloire.
Quant à moi et aux généraux qui ont votre confiance, nous rougi-
rions de commander à une armée sans discipline, sans frein qui
ne connaîtrait de loi que la force. Mais, investi de l'autorité
nationale, fort de la justice et par la loi, je saurai faire respecter à ce petit nombre d'hommes sans courage, sans cœur,
les lois de l'humanité et de l'honneur qu'ils foulent aux pieds.
Je ne souffrirai pas que des brigands souillent vos lauriers ;
je ferai exécuter à la rigueur le règlement que j'ai fait mettre
à l'ordre. Les pillards seront impitoyablement fusillés ; déjà
plusieurs l'ont été. J'ai eu lieu de remarquer avec plaisir
l'empressement avec lequel les bons soldats de l'armée se sont
portés à faire exécutés les ordres. Peuples d'Italie ! l'armée
française vient rompre vos chaînes : le peuple français est l'ami
de tous les peuples ; venez avec confiance au devant d'elle.
Vos propriétés, votre religion et vos usages seront respectés.
Nous faisons la guerre en ennemis généreux, et nous n'en
voulons qu'aux tyrans qui vous asservissent.

-III

La Sardaigne demande la paix, Beaulieu évacue le Piémont avec les Impériaux
et se jette dans le Milanais. Les Autrichiens sont défaits le 8 mai à *Fombio*
et le 10 mai à *Lodi*. Le surlendemain Bonaparte entre à Milan et peu de jours
après il adresse à l'armée cette proclamation :

Milan, 1er prairial an IV (21 mai 1796)

Soldats ! vous vous êtes précipités comme un torrent du
haut de l'Apennin ; vous avez culbuté, dispersé tout ce qui
s'opposait à votre marche. Le Piémont, délivré de la tyrannie
autrichienne, s'est livré à ses sentiments naturels de paix et
d'amitié pour la France. Milan est à vous, et le pavillon répu-
blicain flotte dans toute la Lombardie. Les ducs de Parme et
de Modène ne doivent leur existence politique qu'à votre générosité. L'armée qui vous menaçait avec orgueil ne trouve
plus de barrière qui la rassure contre votre courage : le Pô,
le Tessin, l'Adda, n'ont pu vous arrêter un seul jour ; ces bou-
levards tant vantés de l'Italie ont été insuffisants ; vous les
avez franchis aussi rapidement que l'Apennin. Tant de succès
ont porté la joie dans le sein de la patrie. Vos représentants
ont ordonnés une fête dédiée à vos victoires, célébrées dans
toutes les communes de la République. Là, vos pères, vos

mères, vos épouses, vos sœurs, vos amantes, se réjouissent de vos succès, et se vantent avec orgueil de vous appartenir. Oui, soldats, vous avez beaucoup fait ! .. mais ne nous reste-t-il donc plus rien à faire ? Dira t-on de nous que nous avons su vaincre, mais que nous n'avons pas su profiter de la victoire ? La postérité vous reprochera-t-elle d'avoir trouvé Capoue dans la Lombardie ? Mais je vous vois déjà courir aux armes... Eh bien ! partons ! Nous avons encore des marches forcées à faire, des ennemis à soumettre, des lauriers à cueillir, des injures à venger. Que ceux qui ont aiguisé les poignards de la guerre civile en France, qui ont lâchement assassiné nos ministres, incendié nos vaisseaux à Toulon, tremb'ent ! l'heure de la vengeance a sonné ! Mais que les peuples soient sans inquiétude ; nous sommes amis de tous les peuples, et plus particulièrement des descendants des Brutus, des Scipion, et des grands hommes que nous avons pris pour modèles. Rétablir le Capitole , y placer avec honneur les statues des héros qui le rendirent célèbre, réveiller le peuple romain engourdi par plusieurs siècles d'esclavage ; tel sera le fruit de vos victoires. Soldats ! elles feront époque dans la postérité ; vous aurez la gloire immortelle de changer la face de la plus belle partie de l'Europe. Le peuple français, libre, respecté du monde entier, donnera à l'Europe une paix glorieuse, qui l'indemnisera des sacrifices de toute espèce qu'elle a faits depuis six ans Vous rentrerez alors dans vos foyers, et vos concitoyens diront en vous montrant : *Il était de l'Armée d'Italie.*

IV

Bonaparte quitte Milan et trois heures après toute la Lombardie se soulève. Il apprend à Lodi ce qui se passe, rebrousse chemin, rentre dans la capitale du Milanais et y rétablit l'ordre par sa seule présence, il marche ensuite sur Pavie, foyer de l'insurrection, et livre aux flammes le village de Binasco, où des Français avaient été massacrés. Cette leçon répand l'effroi parmi les Italiens. La rebellion est éteinte.

Beaulieu fuyant l'armée française, se retire derrière le Mincio. Bonaparte le poursuit, le défait à *Borghetto* passe le Mincio, prend *Peschiera*, occupe *Vérone*, et investit Mantoue où s'étaient jetés les débris de l'armée autrichienne. Pour garder pendant cet investissement les débouchés du Tyrol, les Français entrent sur le territoire tyrolien.

Profitant de l'éloignement de l'armée française, les fiefs impériaux s'étaient insurgés. Bonaparte les châtie. Ensuite, pour réprimer le soulevement des populations de l'Italie centrale, il prend successivement Bologne, Ferrare, Reggio, le fort Urbain, et oblige le Pape à signer l'armistice de Foligno, base du traité futur de Tolentino. De là Bonaparte se rend à Livourne, d'où il chasse les Anglais. Il pacifie l'intérieur de l'Italie et presse le siège de Mantoue, lorsqu'il apprend l'arrivée de Wurmser, avec la seconde armée autrichienne, par le Tyrol. Il court au-devant de lui et remporte en cinq jours les victoires de Brescia, de Lonato, de Castiglione, de Gavardo, la deuxième journée de

Castiglione, et celle de Peschiera, Wurmser refait son armée dans le Tyrol, et marche sur Mantoue pour la débloquer, Bonaparte le bat à Serravalle puis à Roverdo.

L'armée française prend Trente, remporte successivement les victoires de Primolano, de Covelo, de Bassano, dé Cerea, de-Castellaro, de Due-Castelli, de Saint-Georges, de Governolo. Le 11 octobre 1796, Bonaparte prend la Corse aux Anglais. Wurmser, battu de toutes part, s'était refugié dans Mantoue. Alvinzi marche sur cette ville pour la délivrer avec 65,000 hommes. Les Français le rencontrent à la Brenta et lui infligent une défaite. Pendant ce temps, le général de Vaubois chargé de défendre Trente, abandonne cette place. Quand cette division eut rejoint le gros de l'armée, Bonaparte-la passant en revue, dit aux soldats d'un ton sévère :

Soldats ! je ne suis point content de vous : vous n'avez marqué ni discipline, ni constance, ni bravoure ; vous avez cédé au premier échec. Aucune position n'a pu vous rallier. Il en était, dans votre retraite, qui étaient inexpugnables.

Soldats du 39e et du 85e, vous n'êtes pas des soldats français. Que l'on me donne ces drapeaux, et que l'on écrive dessus : *Ils ne sont plus de l'armée d'Italie.*

V

Cependant, les soldats français, décimés par leurs propres victoires et voyant l'ennemi reparaître coup sur coup avec de nouvelles armées, témoignaient d'un certain découragement, en se voyant réduits à leurs forces de plus en plus inégales sans pouvoir compter sur aucun secours, Bonaparte, pour relever leur courage, leur répond :

21 brumaire (12 novembre 1796)

Nous n'avons plus qu'un effort à faire, et l'Italie est à nous. Alvinzi est, sans doute, plus nombreux que nous ; mais la moitié de ses troupes sont de véritables recrues, et lui battu, Mantoue succombe ; nous demeurons maîtres de l'Italie, ñous voyons finir nos travaux, car non seulement l'Italie, mais encore la paix générale, sont dans Mantoue. Vous voulez aller sur les Alpes, vous n'en êtes plus capables. De la vie dure et fatigante de ces stériles rochers vous avez bien pu venir conquérir les délices de la Lombardie ; mais des bivouacs riants et fleuris de l'Italie vous ne vous élèveriez pas aux rigueurs de ces âpres sommets, vous ne supporteriez plus longtemps sans murmurer les neiges et les glaces des Alpes... Que ceux qui ne veulent plus se battre, qui sont assez riches, ne me parlent plus de l'avenir... Battez Alvinzi, et je vous réponds du reste !!!

VI

Du 15 novembre au 2 février, les hostilités se poursuivent par les trois journées d'Arcole, la victoire de la Dolce, les combats de Saint-Michel et de Montebaldo, les victoires d'Anghieri, de Rivoli, de Saint-Georges, de la Favorite, de Carpenedolo, d'Avio, de Torbole, de Lavis. Le 2 février 1797. Wurmser capitule et Mantoue se rend. Le pape signe la paix de Tolentino. Le 9 mars, Bonaparte adresse à son armée la proclamation suivante :

Quartier général de Bassano, 19 ventôse an V (9 mars 1797)

Soldats ! la prise de Mantoue vient de finir une campagne qui vous a donné des titres éternels à la reconnaissance de la patrie. Vous avez remporté la victoire dans quatorze batailles rangées et soixante dix combats ; vous avez fait plus de cent mille prisonniers, pris à l'ennemi cinq cents pièces de canons de campagne, deux mille de gros calibre, quatre équipages de pont. Les contributions mises sur les pays que vous avez conquis, ont nourri, entretenu, soldé l'armée pendant toute la campagne ; vous avez en outre envoyé trente millions au ministère des finances pour le soulagement du Trésor public. Vous avez enrichi le muséum de Paris de plus de trois cents objets, chefs-d'œuvre de l'ancienne et nouvelle Italie, et qu'il a fallu trente siècles pour produire. Vous avez conquis à la République les plus belles contrées de l'Europe. Les Républiques transpadane et cispadane vous doivent leur liberté ; les couleurs françaises flottent pour la première fois sur les bords de l'Adriatique en face et à vingt quatre heures de navigation de l'ancienne Macédoine, d'où Alexandre s'élança sur l'Orient ; les rois de Sardaigne, de Naples. le Pape, le duc de Parme, se sont détachés de la coalition de nos ennemis, et ont brigué notre amitié ; vous avez chassé les Anglais de Livourne, de Gênes de la Corse. Mais vous n'avez pas encore tout achevé ; une grande destinée vous est réservée ; c'est en vous que la patrie met ses plus chères espérances ; vous continuerez à en être dignes. De tant d'ennemis qui se coalisèrent pour étouffer la République à sa naissance, l'Empereur seul reste devant vous ; se dégradant lui même du rang d'une grande puissance, ce prince s'est mis à la solde des marchands de Londres ; il n'a plus de volonté, de politique que celle de ces insulaires perfides, qui. étrangers aux malheurs de la guerre, sourient avec plaisir aux maux du continent. Le Directoire exécutif n'a rien épargné pour donner la paix à l'Europe ; la modération de ses propositions ne se ressentait pas de la force de ses armées : il n'avait pas consulté votre courage, mais l'humanité et l'envie de vous faire rentrer dans vos familles. Il n'a pas été écouté à Vienne ; il n'est donc plus d'espérance pour la paix, qu'en allant la chercher dans le cœur des Etats héréditaires de la maison d'Autriche. Vous y trouverez un brave peuple accablé par la guerre qu'il a eue avec les Turcs, et par la guerre actuelle. Les habitants de Vienne et des Etats gémissent sur l'aveuglement et l'arbitraire de leur gouvernement ; il n'en est pas un qui ne soit convaincu que l'or de l'Angleterre a corrompu les ministres de l'Empereur. Vous respecterez leur religion et leurs mœurs ; vous protègerez leurs propriétés ; c'est la liberté que vous apporterez à la brave nation hongroise. La maison d'Autriche qui, depuis trois siècles, va perdant à chaque guerre une partie de sa puissance, qui mécontente ses peuples en les dépouillant de leurs privilèges, se trouvera réduite, à la fin de cette sixième campagne (puisqu'elle nous contraint à la faire), à accepter la paix que nous lui accorderons, et à descendre dans la réalité au rang des puissances secondaires où elle s'est déjà placée en se mettant aux gages et à la disposition de l'Angleterre.

VII

L'Autriche, vaincue mais non découragée, reconstitue une quatrième armée sous les ordres de l'Archiduc Charles qui pénètre en Italie. Les Français marchent contre eux les battent au Tagliamento, à Gradisca, à Lavis, à Casasola et prennent Goritz.

Le prince Charles, à la suite de la défaite de Neumarck, demande un armistice. Bonaparte l'accorde. Les préliminaires de la paix sont signés à Leoben. Pendant ce temps, la République de Venise est détruite, et Bonaparte installe successivement la république Ligurienne et la république Cisalpine. Alors arrivent à l'armée d'Italie des nouvelles de Paris qui décident Bonaparte à prononcer devant ses soldats la harangue suivante :

Bonaparte est vainqueur à Tramen en Tyrol, à Tarvis, à la Chiusa-Veneta ; il entre à Trieste, défait l'ennemi à Claussen et fait son entrée à Klagenfurt.

Milan, 26 messidor an V (14 juillet 1797).

Soldats, c'est aujourd'hui l'anniversaire du 14 juillet. Vous voyez devant vous les noms de nos compagnons d'armes, morts au champ d'honneur pour la liberté de la patrie. Ils vous ont donné l'exemple : vous vous devez tout entiers à la République ; vous vous devez tout entiers au bonheur de trente millions de Français ; vous vous devez tout entiers à la gloire de ce nom, qui a reçu un nouvel éclat par vos victoires.

Soldats, je sais que vous êtes profondément affectés des malheurs qui menacent la patrie ; mais la patrie ne peut courir de dangers réels. Les mêmes hommes qui l'ont fait triom-

pher de l'Europe coalisée sont là. Des montagnes vous séparent de la France ; vous les franchirez avec la rapidité de
l aigle, s'il le fallait, *pour maintenir la Constitution*, défendre
la liberté, protéger le gouvernement et les républicains.

Soldats ! le Gouvernement veille sur le dépôt des lois qui
lui est confié. Les royalistes, dès l'instant qu'ils se montreront,
auront vécu. Soyez sans inquiétude, et jurons par les mânes
des héros morts à côté de nous pour la liberté, jurons, sur nos
nouveaux drapeaux, *guerre implacable aux ennemis de la
République et de la Constitution de l'an III*.

<h2 style="text-align:center">VIII</h2>

Les diplomates autrichiens signent le traité de Campo-Formio ; un congrès
se réunit à Rastadt pour régler les différends des autres Etats de l'Allemagne
avec la France Le Directoire nomme Bonaparte ministre plénipotentiaire à
ce congrès. En s'y rendant, le général en chef dit à l'armée :

Milan, 26 brumaire an VI (14 novembre 1797).

Soldats ! je pars demain pour me rendre à Rastadt. En me
trouvant séparé de l'armée, je ne serai consolé que par l'espoir
de me voir bientôt avec vous, luttant contre de nouveaux
dangers. Quelque poste que le Gouvernement assigne aux
soldats de l'armée d'Italie, ils seront toujours les dignes
soutiens de la liberté et de la gloire du nom français. Soldats !
en vous entretenant des princes que vous avez vaincus... des
peuples qui vous doivent leur liberté... des combats que vous
avez livrés en deux campagnes, dites-vous : *Dans deux
campagnes nous aurons plus fait encore.*

<h2 style="text-align:center">IX</h2>

La paix de Campo-Formio et les résolutions du congrès de Rastadt mettaient
fin à la campagne d'Italie, Bonaparte se rend à Paris où il arrive le 15 frimaire
(15 décembre 1797). Six jours après il est reçu solennellement au Luxembourg
et adresse au président du Directoire, ce discours :

Citoyens Directeurs, le peuple français, pour être libre, avait
les rois à combattre. Pour obtenir une Constitution fondée
sur la raison, il y avait dix-huit siècles de préjugés à vaincre.
La Constitution de l'an III, et vous, avez triomphé de tous
ces obstacles, La religion, la féodalité et le royalisme, ont
successivement depuis vingt siècles, gouverné l'Europe ;
mais de la paix que vous venez de conclure date l'ère des
gouvernements représentatifs. Vous êtes parvenus à organi-

ser la grande nation, dont le vaste territoire n'est circonscrit que parce que la nature en a posé elle-même les limites. Vous avez fait plus. Les deux plus belles parties de l'Europe, jadis si célèbres par les arts, les sciences et les grands hommes, dont elles furent le berceau, voient avec les plus grandes espérances le génie de la liberté sortir des tombeaux de leurs ancêtres. Ce sont deux piédestaux sur lesquels les destinées vont placer deux puissantes nations.

J'ai l'honneur de vous remettre le traité signé à Campo-Formio et ratifié par Sa Majesté l'Empereur. La paix assure la liberté, la prospérité et la gloire de la République. Lorsque le bonheur du peuple français sera assis sur les meilleures lois organiques, l'Europe entière deviendra libre.

CAMPAGNE D'EGYPTE

I

En vue de porter à l'Angleterre, hostile à la France, un coup décisif, Bonaparte prépare avec le Directoire l'expédition d'Egypte, et s'embarque à Toulon, avec une armée de terre de 30,000 hommes et une armée navale de 10,000. Au moment de quitter la France, il harangue ainsi l'armée d'Orient :

Toulon, 3 floréal an VI (9 novembre 1798).

Soldats ! Vous êtes une des ailes de l'armée d'Angleterre ; vous avez fait la guerre des montagnes, des plaines et des sièges : il nous reste à faire la guerre maritime. Les légions romaines que vous avez quelquefois imitées, mais pas encore égalées, combattaient Carthage, tour à tour, sur cette même mer et aux plaines de Zama : la victoire ne les abandonna jamais parce que constamment elles furent braves, patientes à supporter la fatigue, disciplinées et unies entre elles...

Soldats matelots ! vous avez été jusqu'à ce jour négligés ; aujourd'hui la plus grande sollicitude de la République est pour vous : le génie de la liberté, qui a rendu dès sa naissance la République arbitre de l'Europe, *veut qu'elle le soit des mers et des nations les plus lointaines.*

Officiers et soldats ! il y a deux ans que je vins vous commander ; à cette époque vous étiez dans la rivière de Gênes, dans la plus grande misère, manquant de tout, ayant sacrifié jusqu'à vos montres pour votre subsistance, je vous promis de faire cesser vos misères, je vous conduisis en Italie ; là, tout vous fut accordé... Ne vous ai-je pas tenu parole ? Eh bien ! apprenez que vous n'avez point encore assez fait pour la patrie, et que la patrie n'a point encore assez fait pour vous ! je vais actuellement vous mener dans un pays où par vos exploits futurs, vous surpasserez ceux qui étonnent aujourd'hui vos admirateurs, et rendrez à la patrie des services qu'elle a droit d'attendre d'une armée d'invincibles.

Je promets à chaque soldat qu'au retour de cette expédition, il aura à sa disposition de quoi acheter six arpents de terre. Vous allez courir de nouveaux dangers ; vous les partagerez avec vos frères les marins. Cette arme jusqu'ici ne s'est pas rendu redoutable à nos ennemis : leurs exploits n'ont point égalé les vôtres ; les occasions leur ont manqué ; mais le courage des marins est égal au-vôtre : leur volonté est celle de triompher ; ils y parviendront avec vous. Communiquez-leur cet esprit invincible qui partout vous rendit victorieux ; secondez leurs efforts : vivez à bord avec cette intelligence qui caractérise les hommes purement animés et voués au bien de la même cause : ils ont, comme vous acquis des droits à la reconnaissance nationale dans l'art difficile de la marine. Habituez vous aux manœuvres du bord ; devenez la terreur de vos ennemis de terre et de mer : imitez en cela les soldats romains, qui surent à la fois battre Carthage en plaine et les Carthaginois sur leurs flottes.

II

Bonaparte qui prend désormais le titre de membre de l'Institut national et général en chef de l'armée d'Orient, arrive à Malte le 9 juin et s'en empare. Le 22 juin il adresse à l'armée la proclamation suivante :

Quartier général à bord de *l'Orient*, 4 messidor an VI.

Soldats ! Vous allez entreprendre une conquête dont les effets sur la civilisation et le commerce du monde sont incalculables. Vous porterez à l'Angleterre le coup le plus sûr et le plus sensible, en attendant que vous puissiez lui donner le coup de mort.

Nous ferons quelques marches fatigantes ; nous livrerons plusieurs combats ; nous réussirons dans toutes nos entreprises ; les destins sont pour nous ! . Les beys mameloucks qui favorisent exclusivement le commerce anglais, qui ont couvert d'avanies nos négociants, et qui tyrannisent les malheureux habitants du Nil, quelques jours après notre arrivée, n'existeront plus. Les peuples avec lesquels nous allons vivre sont mahométants : leur premier article de foi est celui-

ci : *il n'y a pas d'autre dieu que Dieu, et Mahomet son prophète.*
Ne les contredisez pas, agissez avec eux comme nous avons
agi avec les Juifs, avec les Italiens. Avec des égards pour
leurs muphtis et leurs imans, comme vous en avez eu pour
les rabbins et les évêques ; ayez pour les cérémonies que
prescrit l'Alcoran, pour les mosquées, la même tolérance que
vous avez eue pour les couvents, pour les synagogues, pour
la religion de Moïse et celle de Jésus Christ.

Les légions romaines protégeaient toutes les religions. Vous
trouverez ici des usages différents de ceux d'Europe ; il faut
vous y accoutumer. Les peuples chez lesquels nous allons
entrer traitent les femmes différemment que nous ; mais dans
tous les pays celui qui viole est un monstre. Le pillage n'en-
richit qu'un petit nombre d'hommes ; il nous déshonore ; il
détruit nos ressources ; il nous rend ennemi des peuples,
qu'il est de notre intérêt d'avoir pour amis. La première ville
que nous allons rencontrer a été bâtie par Alexandre : nous
trouverons à chaque pas de grands souvenirs dignes d'exciter
l'émulation des Français.

III

Le 2 juillet, l'armée française escalade les remparts d'Alexandrie, Bonaparte
adresse alors aux peuples d'Egypte cette proclamation :

Alexandrie, 14 messidor an VI (3 juillet 1798).

Peuples d'Egypte, depuis longtemps, les beys qui gouvernent l'Egypte insultent à la nation française et couvrent ses
négociants d'avanies. L'heure de leur châtiment est arrivée !
Depuis trop longtemps ce ramassis d'esclaves achetés dans
le Caucase ou dans la Géorgie tyrannise la plus belle partie du
monde ; mais Dieu, de qui tout dépend, a ordonné que leur
empire finît. Peuples de l'Egypte, on vous dira que je viens
pour détruire votre religion : ne le croyez pas et répondez
que je viens vous restituer vos droits, punir les usurpateurs,
et que je respecte, plus que les Mamelucks, Dieu, son Prophète et le Koran. Tous les hommes sont égaux devant Dieu ;
la sagesse, les talents et les vertus mettent seuls de la différence entre eux. Or, quelle sagesse, quels talents, quelles
vertus distinguent les Mamelucks, pour qu'ils aient exclusivement tout ce qui rend la vie aimable et douce ? Y a-t-il une
belle terre ? elle appartient aux Mamelucks. Si l'Egypte est
leur ferme, qu'ils montrent le bail que Dieu leur en a fait.
Mais Dieu est juste et miséricordieux pour le peuple ; tous

les Egyptiens sont appelés à gérer toutes les places. Que les plus sages, les plus instruits, les plus vertueux gouvernent, et le peuple sera heureux ! Il y avait jadis parmi vous de grandes villes, de grands canaux, un grand commerce. Qui a tout détruit, si ce n'est l'avarice, les injustices et la tyrannie des Mamelucks ? Cadis, cheikhs, imans, schorbadgis, dites au peuple que nous sommes amis des vrais musulmans, N'est-ce pas nous qui avons détruit le Pape, qui disait qu'il fallait faire la guerre aux musulmans ? N'est ce pas nous qui avons détruit les chevaliers de Malte, parce que ces insensés croyaient que Dieu voulait qu'il fissent la guerre aux musulmans ? N'est ce pas nous qui avons été dans tous les siècles, les amis du Grand Seigneur (que Dieu accomplisse ses désirs !) et l'ennemi de ses ennemis ? Les Mamelucks, au contraire, ne se sont-ils pas révoltés contre l'autorité du Grand Seigneur qu'ils méconnaissent encore ? Ils ne suivent que leurs caprices. Trois fois heureux ceux qui seront avec nous ! ils prospéreront dans leur fortune et leur rang. Heureux ceux qui seront neutres ! ils auront le temps de nous connaître, et ils se rangeront avec nous. Mais malheur, trois fois malheur à ceux qui s'armeront pour les Mamelucks et combattront contre nous ! Il n'y aura point d'espérance pour eux : ils périront !

IV

Le même jour, l'armée française prend la route du désert et remporte successivement du 11 au 22 juillet sur les Mamelucks et les Arabes les victoires de Rahmaniéh, de Chebreisse de Gizèh ou des Pyramides. Au moment d'engager cette dernière bataille Bonaparte s'écrie : *Soldats, vous allez combattre aujourd'hui les dominateurs de l'Egypte Songez que du haut de ces monuments quarante siècles vous contemplent.* Le lendemain il entre au Caire.

Le 21 octobre, une insurection éclate au Caire, Tous les Français de cette ville sont massacrés. Bonaparte subjugue les rebelles, puis l'ordre rétabli, il use de clémence à l'égard de la population et adresse aux Egyptiens la proclamation suivante :

Au Caire, 1er nivôse an VII (22 décembre 1798).

Habitants du Caire ! Des hommes pervers avaient égaré une partie d'entre vous. Ils ont péri ! Dieu m'a ordonné d'être miséricordieux pour le peuple. J'ai été fâché contre vous à cause de votre révolte ; je vous ai privés pendant deux mois de votre divan ; mais aujourd'hui je vous le restitue. Votre bonne conduite a effacé la tache de votre révolte.

Schérifs, ulémas, orateurs des mosquées, faites bien connaître au peuple que ceux qui, de gaieté de cœur, se déclareront mes ennemis, n'auront de refuge, ni dans ce monde, ni dans l'autre Y a-t il un homme assez aveugle pour ne pas voir que le destin dirige toutes mes opérations ? Y aurait il quelqu'un assez incrédule pour révoquer en doute que tout dans ce vaste univers est soumis à l'empire du destin ? Faites connaître au peuple que, depuis que le monde existe il était écrit qu'après avoir détruit les ennemis de l'islamisme, fait abattre les croix, je viendrais du fond de l'Occident remplir la tâche qui m'a été imposée. Faites voir au peuple que, dans le saint livre du Koran, dans plus de vingt passages, ce qui arrive a été prévu, et ce qui arrivera a été également expliqué Que ceux donc que la crainte de nos armes empêche de nous maudire changent de sentiment ; car, en faisant au ciel des vœux contre nous, ils sollicitent leur condamnation ! Que les vrais croyants fassent des vœux pour la prospérité de nos armes !

Je pourrais demander compte à chacun de vous des sentiments les plus secrets de son cœur ; car je sais tout, même ce que vous n'avez dit à personne. Mais un jour viendra que tout le monde verra avec évidence que je suis conduit par des ordres supérieurs, et que tous les efforts humains ne peuvent rien contre moi. Heureux ceux qui de bonne foi seront les premiers à se mettre avec moi !...

V

L'année suivante (1799) Bonaparte après avoir triomphé des Mamelucks, décide l'expédition en Syrie. Il quitte le Caire, assiège El-Arych et fait capituler cette place, emporte Jaffa et bloque Saint-Jean d'Acre. Le 16 avril, il bat, de concert avec Kléber, les Musulmans au Mont-Thabor, puis sur la nouvelle du prochain débarquement d'une armée turque sur les côtes d'Egypte, il lève le siège de Saint-Jean d'Acre et harangue ainsi ses troupes :

Soldats ! Vous avez traversé le désert qui sépare l'Afrique de l'Asie avec plus de rapidité qu'une armée arabe. L'armée qui était en marche pour envahir l'Egypte est détruite ; vous avez pris son général, son équipage de campagne, ses bagages, ses outres, ses chameaux Vous vous êtes emparés de toutes les places fortes qui défendent les puits du désert. Vous avez dispersé, au champ du Mont-Thabor, une nuée d'hommes accourus de toutes les parties de l'Asie dans l'espoir de piller l'Egypte. Les trente vaisseaux que vous avez vus arriver dans Acre, il y a douze jours, portaient l'armée qui devaient assiéger Alexandrie ; mais, obligée d'accourir à Acre, elle y a fourni ses destins : une partie de ses drapeaux orneront votre entrée en Egypte. Enfin, après avoir, avec une poignée d'hommes nourri la guerre pendant trois mois dans le cœur de la Syrie, pris quarante pièces de campagne, cinquante drapeaux, fait six mille prisonniers, rasé les fortifications de Gaza, Jaffa, Caïffa, Acre, nous allons rentrer en Egypte. La saison des débarquements m'y rappelle. Encore quelques jours, et vous aviez l'espoir de prendre le pacha même au milieu de son palais ; mais, dans cette saison, la prise du château d'Acre ne vaut pas la perte de quelques jours ; les braves que je devrais d'ailleurs y perdre sont nécessaires aujourd'hui pour des opérations plus essentielles.

Soldats ! nous avons une carrière de fatigues et de dangers à courir. Après avoir mis l'Orient hors d'état de rien faire contre nous dans cette campagne, il nous faudra peut être repousser les efforts d'une partie de l'Occident. Vous y trouverez une nouvelle occasion de gloire ; et si, au milieu de tant de combats chaque jour est marqué par la mort d'un brave, il faut que de nouveaux braves se forment et prennent rang à leur tour parmi ce petit nombre qui donne l'élan dans les dangers et maîtrise la victoire.

VI

L'armée turque débarque et s'empare des forts d'Aboukir. Bonaparte l'attaque et la rejette dans la mer, après avoir fait prisonnier le général musulman et s'être emparé de toute son artillerie. Sur le champ de bataille, Bonaparte harangue ses soldats :

Termidor an VII (25 juillet 1799).

Soldats ! Le nom d'Aboukir était funeste à tout Français (1) ; la journée du 7 thermidor l'a rendu glorieux. La victoire que l'armée vient de remporter accélère son retour en Europe. Nous avons conquis Mayence et la limite du Rhin, en envahissant une partie de l'Allemagne. Nous venons de reconquérir aujourd'hui nos établissements aux Indes et ceux de nos alliés par une seule opération, nous avons remis dans les mains du gouvernement le pouvoir d'obliger l'Angleterre, malgré ses triomphes maritimes, à une paix glorieuse pour la République. Nous avons beaucoup souffert ; nous avons eu à combattre des ennemis de toute espèce ; nous en aurons encore à vaincre, mais enfin le résultat sera digne de vous, et nous méritera la reconnaissance de la patrie.

---

(1) La flotte qui avait transporté en Egypte l'armée française avait été détruite, l'année précédente, par les Anglais, dans la rade d'Aboukir.

VII

Après la victoire d'Aboukir, Bonaparte se décida à partir pour la France avec le double espoir de sauver, par sa présence à Paris, l'armée d'Egypte qui ne recevait aucun secours, et le pays, qui était au mains du Directoire. En quittant son armée, Bonaparte lui adresse cette harangue :

Soldats ! les nouvelles d'Europe m'ont décidé à partir pour la France. Je laisse le commandement de l'armée au général Kléber. L'armée aura bientôt de mes nouvelles Il me coûte de quitter les soldats auxquels je suis attaché ; mais ce ne sera que momentanément, et le général que je leur laisse a la confiance du gouvernement et la mienne.

DIX-HUIT BRUMAIRE

I

A Paris, les évènements se précipitent. Bonaparte à peine arrivé (16 octobre 1799) est investi du commandement des troupes de la capitale, lassée des fautes du Directoire. Alors les deux conseils, celui des Cinq-Cents et celui des Anciens, se réunissent à Saint-Cloud. Quatre directeurs donnent leur démission. Bonaparte apprend le 18 brumaire (9 novembre) qu'on s'occupe de remplacer les démissionnaires. Aussitôt il se rend dans la salle des séances du conseil des Anciens avec ses aides de camp et paraît à la tribune, où il prononce ce discours :

Représentants du peuple, vous n'êtes point dans des circonstances ordinaires ; vous êtes sur un volcan. Permettez-moi de vous parler avec la franchise d'un soldat, avec celle d'un citoyen zélé pour le bien de son pays, et suspendez, je vous prie, votre jugement jusqu'à ce que vous m'ayez entendu jusqu'à la fin. J'étais tranquille à Paris lorsque je reçus le décret du Conseil des Anciens, qui me parla de ses dangers, de ceux de la République. A l'instant j'appelai, je retrouvai mes frères d'armes, et nous vînmes vous donner notre appui, nous vînmes vous offrir les bras de la nation parce que vous en étiez la tête. Nos intentions furent pures, désintéressées; et pour prix du dévouement que nous avons montré hier, aujourd'hui déjà on nous abreuve de calomnies ; on parle d'un nouveau César, d'un nouveau Cromwel ; on répand que je veux établir un gouvernement militaire.

Représentants du peuple, si j'avais voulu opprimer la liberté de mon pays, si j'avais voulu usurper l'autorité suprême, je ne me serai point rendu aux ordres que vous m'avez donnés, je n'aurais pas eu besoin de recevoir, cette autorité du Sénat. Plus d'une fois, et dans des circonstances extrêmement favorables, j'ai été appelé à la prendre Après nos triomphes en Italie, j'y ai été appelé par le vœu de la nation ; j'y ai été appelé par le vœu de mes camarades, par celui des soldats qu'on a tant maltraités depuis qu'ils ne sont plus sous mes ordres ; de ces soldats qui sont obligés encore aujourd'hui d'aller faire dans les départements de l'Ouest une guerre horrible que la sagesse et le retour aux principes avaient calmé, et que l'ineptie ou la trahison viennent de rallumer.

Je vous le jure, représentants du peuple, la patrie n'a pas de plus zélé défenseur que moi ; je me dévoue tout entier pour faire exécuter vos ordres ; mais c'est sur vous seuls que repose votre salut, car il n'y a plus de Directoire : quatre des membres qui en faisaient partie ont donné leur démission, et le cinquième a été mis en surveillance pour sa sûreté. Les dangers sont pressants, le mal s'accroît, le ministre de la police vient de m'avertir que dans la Vendée plusieurs places étaient tombées entre les mains des chouans. Représentants du peuple, le Conseil des Anciens est investi d'un grand pouvoir, mais il est encore animé d'une plus grande sagesse : ne consultez qu'elle et l'imminence des dangers ; prévenez les déchirements ; évitons de perdre ces deux choses pour lesquelles nous avons fait tant de sacrifices : la *liberté* et l'*égalité*. (Bruits et murmures : *Et la Constitution !*)

La Constitution ! vous n'en avez plus. Vous l'avez violée au 18 fructidor, quand le gouvernement a attenté à l'indépendance du corps législatif ; vous l'avez violée au 22 floréal, quand, par un décret sacrilège, le gouvernement et le Corps législatif ont attenté à la souveraineté du peuple en cassant les élections faites par lui ; vous l'avez violé au 20 prairial, quand le Corps législatif a attenté a l'indépendance du gouvernement. La Constitution ! . Elle est invoquée par toutes les factions, et elle a été violée par toutes ; elle est méprisée par toutes ; elle ne peut être pour nous un moyen de salut, parce qu'elle n'obtient le respect de personne. Il faut un nouveau pacte, il faut de nouvelles garanties.

Représentants du peuple, vous ne voyez pas en moi un misérable intrigant qui se couvre d'un masque hypocrite : j'ai fait mes preuves de dévouement à la République, et toute dissimulation m'est inutile. Je ne vous tiens ce langage que parce que je désire que tant de sacrifices ne soient pas perdus. La Constitution, les droits du peuple ont été violés plusieurs fois : et puisqu'il ne nous est plus permis de rendre à cette

Constitution le respect qu'elle devrait avoir, sauvons au moins les bases sur lesquelles elle repose ; sauvons l'*égalité*, la *liberté*; trouvons des moyens d'assurer à chaque homme la liberté qui lui est due et que la Constitution n'a pas su lui garantir. Je vous le répète, la Constitution trois fois violée, n'offre plus de garantie aux citoyens ; elle ne peut entretenir l'harmonie, parce qu'il n'y a plus de diapason ; elle ne peut point sauver la patrie, parce qu'elle n'est respectée de personne. Je le répète encore : qu'on ne croit point que je tiens ce langage pour m'emparer du pouvoir après la chute des autorités. Le pouvoir ! on me l'a offert encore depuis mon retour à Paris : les différentes factions sont venues sonner à ma porte ; je ne les ai point écoutées, parce que je ne suis d'aucune coterie parce que je ne suis que du grand parti du peuple français. Plusieurs membre du Conseil des Anciens savent que je les ai entretenus des propositions qui m'ont été faites, et que je n'accepte l'autorité que vous m'avez confiée que pour soutenir la cause de la République. Je ne vous le cache pas, représentants du peuple ; en prenant le commandement, je n'ai pas compté sur le Conseil des Cinq Cents qui est divisé ; sur le Conseil des Cinq-Cents où se trouvent des hommes qui voudraient nous rendre la Convention, les Comités révolutionnaires et les échafauds ; sur le Conseil des Cinq-Cents, où les chefs de ce parti viennent de prendre séance en ce moment ; sur le Conseil des Cinq-Cents, d'où viennent de partir des émissaires char gés d'aller organiser un mouvement à Paris. Que ces projets criminels ne vous effraient point, représentants du peuple ; environné de mes frères d'armes, je saurai vous en préserver. J'en atteste votre courage vous mes braves camarades ; vous, aux yeux de qui l'on voudrait me peindre comme un ennemi de la liberté ; vous, grenadiers dont j'aperçois les bonnets ; vous, braves soldats, dont j'aperçois les baïonnettes que j'ai fait souvent tourner à la honte de l'ennemi, à l'humiliation des rois, que j'ai employées à fonder des républiques. Et si quel que orateur payé par l'étranger parlait de me mettre *hors la loi*, qu'il prenne garde de porter cet arrêt contre lui-même ! S'il parlait de me mettre *hors la loi*, j'en appellerais à vous, mes braves compagnons d'armes ; à vous, braves soldats. que j'ai tant de fois menés à la victoire ; à vous, braves défenseurs de la République, avec lesquels j'ai partagé tant de périls, pour affermir la liberté et l'égalité ; je m'en remettrais, mes braves amis au courage de vous tous et à ma fortune ! Je vous invite, représentants du peuple, à vous former en comité général et à y prendre des mesures salutaires que l'urgence.

des dangers commande impérieusement ; vous trouverez toujours mon bras pour faire exécuter vos résolutions ! ....
....,. ....,. ....Ne nous
divisons point, associez votre sagesse et votre fermeté à la
force qui m'entoure. Je vais au Conseil des Cinq-Cents.....
Tremblerais-je devant les factieux, moi que la coalition n'a pu
détruire ! Si je suis un perfide soyez tous des Brutus !.....
Et vous, braves grenadiers, que je vois autour de cette
enceinte, que ces baïonnettes avec lesquelles nous avons
triomphé ensemble se tournent aussitôt contre mon cœur.
Mais si quelque orateur soldé par l'étranger, je le répète, ose
prononcer les mots de *hors la loi*, que le foudre de guerre
l'écrase à l'instant même. Souvenez-vous que je marche accom-
pagné du dieu de la guerre et du dieu de la fortune !

Le même soir, Bonaparte se présente au Conseil des Cinq-Cents et après
avoir vainement essayé de faire triompher la volonté de la majorité du Conseil
des Anciens, il fait évacuer la salle par ses grenadiers. Ensuite il fait afficher
cette proclamation :

19 brumaire an VIII (10 novembre 1799).

Français ! A mon retour à Paris, j'ai trouvé la division dans
toutes les autorités, et l'accord établi sur cette seule vérité,
que la Constitution était à moitié détruite, et ne pouvait sauver la liberté. Tous les partis sont venus à moi, m'ont confié
leurs desseins, dévoilé leurs secrets, et m'ont demandé mon
appui ; j'ai refusé d'être l'homme d'un parti. Le Conseil des
Anciens m'a appelé ; j'ai répondu à son appel. Un plan de
restauration générale avait été concerté par des hommes en
qui la nation est accoutumée à voir des défenseurs de la liberté,
de l'égalité, de la propriété. Ce plan demandait un examen
calme, libre, exempt de toute influence et de toute crainte. En
conséquence le Conseil des Anciens a résolu la translation du
Corps législatif à Saint-Cloud ; il m'a chargé de la disposition
de la force nécessaire à son indépendance. J'ai cru devoir à
mes concitoyens, aux soldats périssant dans nos armées à la
gloire nationale acquise au prix de leur sang, d'accepter le
commandement. Les Conseils se rassemblent à Saint-Cloud ;
les troupes républicaines garantissent la sûreté au dehors ;
mais les assassins établissent la terreur au dedans : plusieurs
députés du Conseil des Cinq-Cents, armés de stylets et d'armes à feu, font circuler tout autour d'eux des menaces de
mort. Les plans qui devaient être développés sont resserrés,
la majorité désorganisée, les orateurs les plus intrépides

déconcertés, et l'inutilité de toute proposition sage évidente. Je porte ma douleur et mon indignation au Conseil des Anciens ; je lui demande d'assurer l'exécution de ses généreux desseins, je lui représente les maux de la patrie qui les lui ont fait concevoir ; il s'unit à moi par de nouveaux témoignages de sa constante volonté. Je me présente au Conseil des Cinq-Cents, seul, sans armes, la tête découverte, tel que les Anciens m'avaient reçu et applaudi : je venais rappeler à la majorité ses volontés, et l'assurer de son pouvoir. Les stylets qui menaçaient les députés sont aussitôt levés sur leur libérateur ; vingt assassins se précipitent sur moi et cherchent ma poitrine : les grenadiers du Corps législatif, que j'avais laissés à la porte de la salle, accourent et se mettent entre les assassins et moi. L'un de ces braves grenadiers (Thomé) est frappé d'un coup de stylet dont ses habits sont percés. Ils m'enlèvent. Au même moment, les cris de *hors la loi* se font entendre contre le défenseur de *la loi*. C'était le cri farouche des assassins contre la force destinée à les réprimer. Ils se pressent autour du Président, la menace à la bouche : les armes à la main, ils lui ordonnent de prononcer le *hors la loi* : l'on m'avertit ; je donne l'ordre de l'arracher à leur fureur, et six grenadiers du Corps législatif s'en emparent. Aussitôt après, les grenadiers du Corps législatif entrent au pas de charge dans la salle et la font évacuer. Les factieux intimidés se dispersent et s'éloignent. La majorité, soustraite à leurs coups, rentre librement et paisiblement dans la salle de ses séances entend les propositions qui devaient lui être faites pour le salut public, délibère, et prépare la résolution salutaire qui devait devenir la loi nouvelle et provisoire de la République.

Français ! vous reconnaîtrez sans doute à cette conduite le zèle d'un soldat de la liberté, d'un citoyen dévoué à la République. Les idées conservatrices, tutélaires, libérales, sont rentrées dans leurs droits, par la dispersion des factieux qui oppriment les Conseils, et qui, pour être devenus les plus odieux des hommes, n'ont pas cessé d'être les plus méprisables.

CONSULAT

I

Le même jour, 19 brumaire, le Directoire est supprimé et remplacé par un gouvernement provisoire composé de trois consuls, Bonaparte, Siéyès et Roger-Ducos. Le 13 décembre Bonaparte est nommé premier consul et chef de l'Etat. Le premier consul tente un moment de rétablir la paix en Europe, il écrit dans ce but au roi d'Angleterre, mais ni cette dernière nation, ni l'Autriche n'acceptent ces propositions Alors il reprend les armes pour reconquérir l'Italie, retombée sous la tyrannie autrichienne. Une armée de réserve est formée. Bonaparte en prend le commandement, franchit avec elle le mont Saint-Bernard, et le 2 juin 1800 s'empare de Milan, où il prononce cette harangue:

Quartier général de Milan, 13 prairial an VIII (6 juin 1800)

Soldats ! un de nos départements était au pouvoir de l'ennemi ; la consternation était dans tout le Midi de la France. La plus grande partie du territoire du peuple ligurien, le plus fidèle ami de la République, était envahie. La République cisalpine anéantie dès la campagne passée était devenue le jour un grotesque régime féodal. Soldats ! vous marchez... et déjà le territoire français est délivré ! La joie et l'espérance succèdent dans notre patrie à la consternation et à la crainte. Vous rendez la liberté et l'indépendance au peuple de Gênes. Il sera pour toujours délivré de ses éternels ennemis. Vous êtes dans la capitale de la Cisalpine ! L'ennemi épouvanté n'aspire plus qu'à regagner ses frontières. Vous lui avez enlevé ses hopitaux, ses magasins, ses parcs de réserve. Le premier acte de la campagne est terminé. Des millions d'hommes, vous l'entendez tous les jours, vous adressent des actes de reconnaissance. Mais aura t on donc impunément violé le territoire français ? laisserez vous retourner dans ses foyers l'armée qui a porté l'alarme dans vos familles ? Vous courez aux armes !... Eh bien ! marchez à sa rencontre, opposez-vous à sa retraite, arrachez-lui les lauriers dont elle s'est parée; et par là apprenez au monde que la malédiction est sur les insensés qui osent insulter le territoire du grand peuple. Le résultat de tous nos efforts sera ; gloire sans nuage et paix solide.

II

La victoire seconde les armées françaises. L'ennemi est battu à Plaisance à Montebello et Marengo, et le 16 juin, l'armée autrichienne demande un armistice qui lui est accordé. Le 2 juillet Bonaparte est de retour à Paris. Le 15 juillet 1801 le *Concordat* est signé à Paris. En promulguant cet arrangement avec la cour de Rome, le premier consul adresse aux Français cette proclamation :

Paris, 27 germinal an X (17 avril 1892).

Français ! Du sein d'une révolution inspirée par l'amour de la patrie éclatèrent tout à coup au milieu de vous des discussions religieuses qui devinrent le fléau de vos familles, l'aliment des factions et l'espoir de vos ennemis. Une politique insensée tenta de les étouffer sous les débris des autels, sous les ruines de la religion même. A sa voix cessèrent les pieuses solennités où les citoyens s'appelaient du doux nom de frères et se reconnaissaient tous égaux sous la main du Dieu qui les avait créés; le mourant, seul avec sa douleur n'entendit plus cette voix consolante qui appelle les chrétiens à une meilleure vie, et Dieu même semblait exilé de la nature. Mais la conscience publique mais le sentiment de l'indépendance des opinions se soulevèrent, et bientôt égarés par les ennemis du dehors, leur explosion porta le ravage dans nos départements; des Français oublièrent qu'ils étaient Français et devinrent les instruments d'une haine étrangère. D'un autre côté, les passions déchaînées, la morale sans appui, le malheur sans espérance dans l'avenir, tout se réunissait pour porter le désordre dans la société. Pour arrêter ce désordre, il fallait rasseoir la religion sur sa base, et on ne pouvait le faire que par des mesures avouées par la religion même. C'était au Souverain Pontife que l'exemple des siècles et la raison commandaient de recourir pour rapprocher les opinions et réconcilier les cœurs. Le chef de l'Eglise a pesé, dans sa sagesse et dans l'intérêt de l'Eglise, les propositions que l'intérêt de l'Etat avait dictées ; sa voix s'est fait entendre aux pasteurs ; ce qu'il approuve, le gouvernement l'a consenti et les législateurs en ont fait une loi de la République. Ainsi disparaissent tous les éléments de discorde ; ainsi s'évanouissent tous les scrupules qui pouvaient alarmer les consciences, et tous les obstacles que la malveillance pouvait opposer au retour de la paix intérieure. Ministres d'une religion de paix, que l'oubli le plus profond couvre vos dissensions, vos malheurs et vos fautes ! que cette religion qui vous unit, vous attache tous par les mêmes nœuds, par des nœuds indissolubles, aux intérêts de la patrie ! Déployez pour elle tout ce que votre ministère vous donne de force et d'ascendant sur les esprits, que vos leçons et vos exemples forment les jeunes citoyens à l'amour de nos institutions, au respect et à l'attachement pour les autorités tutélaires qui ont été créées pour les protéger ; qu'ils apprennent de vous que le Dieu de la paix est aussi le Dieu des armées, et qu'il combat avec ceux qui défendent l'indépendance et la liberté de la France. Citoyens qui professez les religions protestantes, la loi a également étendu sur vous sa sollicitude. Que cette morale commune à tous les chrétiens, cette morale si saine, si pure, si fraternelle, les unisse tous dans le même amour pour la patrie dans le même respect pour ses lois, dans la même affection pour tous les membres de la grande famille. Que jamais des combats de doctrines n'altèrent ces sentiments que la religion inspire et commande ! Français ! soyons tous unis pour le bonheur de la patrie et pour le bonheur de l'humanité ! Que cette religion qui a civilisé l'Europe soit encore le lien qui en rapproche les habitants, et que les vertus qu'elle exige soient toujours associées aux lumières qui nous éclairent !

EMPIRE

I

La République française avait conclu la paix en 1801 avec l'Autriche l'Espagne, Naples, le Portugal, la Russie et en 1802 avec l'Angleterre. Mais cette dernière puissance n'ayant pas rempli les stipulations du traité, les hostilités ne devaient pas tarder à renaître. Le 8 mai Bonaparte est réélu premier consul pour dix ans ; le 2 août il est nommé consul à vie et le 20 mai 1804 il est proclamé empereur des Français sous le nom de Napoléon 1er et sacré le 2 décembre par le pape Pie VII. Le 5 décembre au champ de Mars, à Paris, a lieu la distribution des aigles aux troupes. Napoléon prononce à cette occasion cette courte harangue :

Soldats ! Voilà vos drapeaux ; ces aigles vous serviront toujours de point de ralliement ; elles seront partout où votre empereur les jugera nécessaires pour la défense de son trône et de son peuple. Vous jurez de sacrifier vos vies pour les défendre, et de les maintenir constamment par votre courage sur le chemin de la victoire : soldats ! vous le jurez ?

II

A peine couronné empereur, Napoléon écrit au roi d'Angleterre pour lui offrir une seconde fois la paix. Cette lettre reste sans réponse. Mais l'Angleterre ne dissimule pas ses intentions. Elle forme avec la Russie une nouvelle coalition contre la France. L'Autriche accède à ce pacte et le 13 septembre 1805 envahit la Bavière. Napoléon qui venait de se faire couronner roi d'Italie à Milan, court aux secours de ses alliés et adresse à l'armée française et aux soldats français la proclamation suivante :

Augsbourg, 10 octobre 1805.

Soldats ! La guerre de la troisième coalition est commencée ; l'armée autrichienne à passé l'Inn, violé les traités, attaqué et chassé de sa capitale notre allié..... Vous mêmes vous avez dû accourir à marches forcées à la défense de nos frontières ; mais déjà vous avez passé le Rhin... Nous ne nous arrêterons plus que nous n'ayons assuré l'indépendance du corps germanique, secouru nos alliés, et confondus l'orgueil de nos injustes agresseurs. Nous ne ferons plus de paix sans garantie ; notre générosité ne trompera plus notre politique.

Soldats ! votre Empereur est au milieu de vous ; vous n'êtes que l'avant-garde du grand peuple ; s'il est nécessaire, il se lèvera tout entier à ma voix pour défendre et dissoudre cette nouvelle ligue qu'ont tissée la haine et l'or de l'Angleterre.

Mais soldats ! nous aurons des marches forcées à faire, des fatigues, des privations de toutes espèces à endurer. Quelques obstacles qu'on nous oppose nous les vaincrons, et nous ne prendrons pas de repos que nous n'ayons planté nos aigles sur le territoire de nos ennemis. Braves Bavarois ! Je viens me mettre à la tête de mon armée pour délivrer votre patrie de la plus injuste agression.

La maison d'Autriche vient détruire votre indépendance et vous incorporer à ses vastes Etats. Vous serez fidèles à la mémoire de vos ancêtres, qui, quelquefois oppressés, ne furent jamais abattus, et conservèrent toujours cette indépendance, cette existence politique qui sont les premiers biens des nations, comme la fidélité à la maison palatine est le premier de vos devoirs.

En bon allié de votre souverain, j'ai été touché des marques d'amour que vous lui avez données dans cette circonstance importante. Je connais votre bravoure ; je me flatte qu'après la première bataille, je pourrai dire à votre prince et à mon peuple que vous êtes dignes de combattre dans les rangs de la grande armée.

CAMPAGNE D'AUTRICHE

I

La campagne d'Autriche débute par les victoires de Soult à Lensberg et à Memmingen, et par celle de Ney à Elchingen. Les Autrichiens commandés par Mack, sont refoulés dans Ulm, qui capitule deux jours après

Le 20 octobre, l'empereur. avant de marcher contre l'armée russe, témoigne ainsi sa satisfaction à ses braves :

Soldats de la grande armée ! en quinze jours nous avons fait une campagne ; ce que nous nous proposions de faire est rempli ; nous avons chassé de la Bavière les troupes de la maison d'Autriche, et rétabli notre allié dans la souveraineté de ses Etats. Cette armée qui, avec autant d'ostentation que d'imprudence, était venue se placer sur nos frontières, est anéantie. Mais qu'importe à l'Angleterre ! son but est rempli ; nous ne sommes plus à Boulogne, et son subside ne sera ni plus ni moins grand. De cent mille hommes qui composaient cette armée, soixante mille sont prisonniers. Ils iront remplacer nos conscrits dans les travaux de la campagne. Deux cents pièces de canon, tout le parc, quatre vingt-dix drapeaux, tous leurs généraux, sont en notre pouvoir : il ne s'est pas échappé de cette armée quinze mille hommes.

Soldats ! je vous avais annoncé une grande bataille, mais grâce aux mauvaises combinaisons de l'ennemi, j'ai pu obtenir les mêmes succès sans courir aucune chance ; et ce qui est sans exemple dans l'histoire des nations, un si grand résultat ne nous affaiblit pas de plus de quinze cents hommes hors de combat. Soldats ! ce succès est dû à votre confiance sans bornes en votre empereur, en votre patience à supporter les fatigues et les privations de toute espèce, à votre rare intrépidité. Mais nous ne nous arrêterons pas là ; vous êtes impatients de commencer une seconde campagne. Cette armée russe, que l'or de l'Angleterre a transportée des bouts de l'univers, nous allons lui faire éprouver le même sort. A ce combat est attaché plus spécialement l'honneur de l'infanterie française : c'est là que va se décider, pour la seconde fois cette question qui l'a déjà été une fois en Suisse et en Hollande, si l'infanterie française est la première ou la seconde en Europe. Il n'y a pas là de généraux contre lesquels je puisse avoir de la gloire à acquérir : tout mon soin sera d'obtenir la victoire avec le moins possible d'effusion de sang ; mes soldats sont mes enfants !

II

Le 1er décembre, l'armée française commandée par Napoléon 1er, et l'armée austro-russe, commandée par les empereurs de Russie et d'Autriche, se trouvent en présence devant Austerlitz. Dès que le jour paraît, l'empereur dit à ses troupes :

Soldats ! il faut finir cette campagne par un coup de tonnerre qui écrase nos ennemis. Ne vous attachez pas à tirer beaucoup de coup de fusils, mais plutôt à tirer juste. Ce soir, nous aurons vaincu ces peuplades du Nord qui osent se mesurer avec nous.

S'adressant au 28e, recruté dans le Calvados, il lui dit :

J'espère que les Normands se distingueront aujourd'hui.

Et au 57e :

Souvenez-vous qu'il y a longtemps que je vous ai surnommé *le terrible*.

' La bataille est livrée. La France est victorieuse à Austerlitz. Le lendemain l'empereur adresse cette proclamation à la grande armée :

Soldats ! je suis content de vous : vous avez, à la journée d'Austerlitz, justifié ce que j'attendais de vous ; vous avez décoré vos aigles d'une immortelle gloire ; une armée de cent mille hommes commandée par les empereurs de Russie et d'Autriche, a été, en moins de quatre heures, ou coupée, ou dispersée ; ce qui a échappé à votre feu s'est noyé dans les deux lacs...

Soldats ! lorsque le peuple français plaça sur ma tête la couronne impériale, je me confiai à vous pour la maintenir toujours dans ce haut éclat de gloire qui seul pouvait lui donner du prix à mes yeux ; mais, dans le même moment, nos enhemis pensaient à la détruire et à l'avilir ; et cette couronne de fer, conquise par le sang de tant de Français, ils voulaient m'obliger de la placer sur la tête de nos plus cruels ennemis : projets téméraires et insensés, que le jour même de l'anniversaire de votre Empereur, vous avez anéantis et confondus. Vous leur avez appris qu'il est plus facile de nous braver et de nous menacer que de nous vaincre.

Soldats ! lorsque tout ce qui est nécessaire pour assurer le bonheur et la prospérité de notre patrie sera accompli, je vous ramènerai en France. Là vous serez l'objet de mes tendres sollicitudes. Mon peuple vous reverra avec joie, et il vous suffira de dire : J'étais à la bataille d'Austerlitz, pour qu'on vous réponde : *Voilà un brave !*

III

La paix est signée à Presbourg, le 20 décembre, avec l'Autriche et l'Allemagne. Napoléon établit son quartier général à Schœnbrunn, et adresse à ses soldats et aux habitants de Vienne ces proclamations :

Soldats ! la paix entre moi et l'empereur d'Autriche est signée. Vous avez, dans cette arrière saison, fait deux campagnes ; vous avez rempli tout ce que j'attendais de vous. Je vais partir pour me rendre dans ma capitale. J'ai accordé de l'avancement et des récompenses à ceux qui se sont le plus distingués : je vous tiendrai tout ce que je vous ai promis. Vous avez vu votre Empereur partager avec vous vos périls et vos fatigues ; je veux aussi que vous veniez le voir entouré de la grandeur et de la splendeur qui appartiennent au souverain du premier peuple de l'univers, Je donnerai une grande fête aux premiers jours de mai, à Paris : vous y serez tous, et après nous irons où nous appelleront le bonheur de notre patrie et les intérêts de notre gloire. Soldats ! pendant ces trois mois qui vous seront nécessaires pour retourner en France, soyez le modèle de toutes les armées ; ce ne sont plus des preuves de courage et d'intrépidité que vous êtes appelés à donner, mais d'une sévère discipline. Que mes alliés n'aient pas à se plaindre de votre passage, et en arrivant sur ce territoire sacré comportez-vous comme des enfants au milieu de leur famille ; mon peuple se comportera avec vous comme il le doit avec ses héros et ses défenseurs. Soldats ! l'idée que je vous verrai tous avant six mois rangés autour de mon palais sourit à mon cœur, et j'éprouve d'avance les plus tendres émotions ; nous célébrerons la mémoire de ceux qui, dans ces deux campagnes, sont morts au champ d'honneur, et le monde nous verra tout prets à imiter leur exemple, et à faire plus que nous n'avons fait, s'il le faut, contre ceux qui voudraient attaquer notre honneur, ou qui se laisseraient séduire par l'or corrupteur des éternels ennemis du continent.

Habitants de la ville de Vienne ! j'ai signé la paix avec l'empereur d'Autriche. Prêt à partir pour ma capitale, je veux que vous sachiez l'estime que je vous porte, et le contentement que j'ai de votre bonne conduite pendant le temps que vous avez été sous ma loi. je vous ai donné un exemple inouï jusqu'à présent dans l'histoire des nations. Dix mille hommes de votre garde nationale sont restés armés, ont gardé vos portes : votre arsenal tout entier est demeuré en votre pouvoir, et pendant ce temps là je courais les chances les plus hasardeuses de la guerre. Je me suis confié en vos sentiments d'honneur, de bonne foi, de loyauté ; vous avez justifié ma confiance. Habitants de Vienne, je sais que vous avez tous blâmé la guerre que des ministres vendus à l'Angleterre ont suscitée sur le continent Votre souverain est éclairé sur les menées de ces ministres corrompus ; il est livré tout entier aux grandes qualités qui le distinguent, et désormais j'espère pour vous et pour le continent des jours plus heureux. Habitants de Vienne, je me suis peu montré parmi vous, non par dédain ou par un vain orgueil, mais je n'ai pas voulu distraire en vous aucun des sentiments que vous deviez au prince avec qui j'étais dans l'intention de faire une prompte paix En vous quittant, recevez, comme un présent qui vous prouve mon estime, votre arsenal intact, que les lois de la guerre ont rendu ma propriété. Servez-vous en toujours pour le maintien de l'ordre, Tous les maux que vous avez soufferts, attribuez les aux malheurs irréparables de la guerre, et tous les ménagements que mon armée a apportés dans vos contrées vous les devez à l'estime que vous avez méritée.

CAMPAGNE DE PRUSSE

I

L'Angleterre persévérant dans ses desseins hostiles contre la France, forme une quatrième coalition avec la Prusse, la Russie et la Suède. Napoléon reprend le commandement de son armée, et le 6 octobre 1806, il établit son quartier-général à Bamberg d'où il adresse cette proclamation au Sénat.

Sénateurs, nous avons quitté notre capitale pour nous rendre au milieu de notre armée d'Allemagne, dès l'instant que nous avons su avec certitude qu'elle était menacée sur ses flancs par des mouvements inopinés. A peine arrivé sur les frontières de nos Etats, nous avons eu lieu de reconnaître combien notre présence y était nécessaire, et de nous applaudir des mesures défensives que nous avions prises avant de quitter le centre de notre empire. Déjà les armées prussiennes, portées au grand complet de guerre, s'étaient ébranlées. De toutes part elles avaient dépassés leurs frontières ; la Saxe était envahie, et le sage prince qui la gouverne était forcé d'agir contre sa volonté, contre l'intérêt de ses peuples. Les armées prussiennes étaient arrivées devant les cantonnements de nos troupes. Des provocations de toute espèce, et même des voies de fait, avaient signalé l'esprit de haine qui animait nos ennemis, et la modération de nos soldats, qui, tranquilles à l'aspect de tous ces mouvements, étonnés seulement de ne recevoir aucun ordre, se reposaient dans la double confiance que donnent le courage et le bon droit. Notre premier devoir a été de passer le Rhin nous mêmes, de former nos camps et de faire entendre le cri de guerre. Il a retenti au cœur de tous nos guerriers. Des marches combinées et rapides les ont portés en un clin d'œil au lieu que nous leur avions indiqué. Tous nos camps sont formés ; nous allons marcher contre les armées prussiennes et repousser la force par la force. Toutefois nous devons le dire, notre cœur est péniblement affecté de cette prépondérance constante qu'obtient en Europe le génie du mal occupé sans cesse à traverser les desseins que nous formons pour la tranquillité de l'Europe, le repos et le bonheur de la génération présente, assiégeant tous les cabinets par tous les genres de séductions et égarant ceux qu'il n'a pu corrompre, les aveuglant sur leurs véritables intérêts, et les lançant au milieu des parties sans autre guide que les passions qu'il a su leur inspirer. Le cabinet de Berlin lui même n'a point choisi avec délibération le parti qu'il prend ; il y a été jeté avec art et avec une malicieuse adresse. Le roi s'est trouvé tout à coup à cent lieues de sa capitale, aux frontières de la confédération du Rhin, au milieu de son armée et vis-à-vis des troupes françaises, dispersées dans leurs cantonnements, et qui croyaient devoir compter sur les liens qui unissaient les deux Etats, et sur les protestations prodiguées en toutes circonstances par la cour de Berlin. Dans une guerre au si juste, où nous ne prenons les armes que pour nous défendre, que nous n'avons provoquée par aucun acte, par aucune prévention, et dont il nous serait impossible d'assigner la véritable cause, nous comptons entièrement sur l'appui des lois et sur celui de nos peuples, que les circonstances appellent à nous donner de nouvelles preuves de leur amour, de leur dévouement et de leur courage. De notre côté, aucun sacrifice personnel ne nous sera pénible, aucun danger ne nous arrêtera, toutes les fois qu'il s'agira d'assurer les droits, l'honneur et la prospérité de nos peuples.

II

La campagne de Prusse est ouverte le 9 octobre Le 10, les Français remportent la victoire de Malfed le 14, celle d'Auerstedt, et le 15, celle d'Iéna. Le 16, Erfurth capitule, le 7, l'armée prussienne de réserve est détruite à Halle, le 27 Napoléon fait son entrée à Berlin, et adresse cette proclamation à la grande armée.

Soldats ! vous avez justifié mon attente et répondu dignement à la confiance du peuple français. Vous avez supporté les privations et les fatigues avec autant de courage que vous avez montré d'intrépidité et de sang-froid au milieu des combats. Vous êtes les dignes défenseurs de ma couronne et de la gloire du grand peuple Tant que vous serez animés de cet esprit rien ne pourra vous résister, La cavalerie à rivalisé avec l'infanterie et l'artillerie. Je ne sais désormais à quelle arme je dois donner la préférence. Vous êtes tous de bons soldats. Voici les résultats de nos travaux. Une des premières puissances de l'Europe, qui osa naguère nous proposer une honteuse capitulation, est anéantie. Les forêts, les défilés de la Franconie, la Saale, l'Elbe, que nos pères n'eussent pas traversé en sept ans, nous les avons traversés en sept jours et livré dans l'intervalle quatre combats et une grande bataille. Nous avons précédé à Postdam, à Berlin, la renommée de nos victoires, Nous avons fait soixante mille prisonniers, pris soixante-cinq drapeaux, parmi lesquels ceux des gardes du roi de Prusse ; six cents pièces de canon, trois forteresses plus de vingt généraux : cependant près de la moitié de vous regrette de n'avoir pas encore tiré un coup de fusil. Toutes les provinces de la monarchie prussienne jusqu'à l'Oder sont en notre pouvoir.

Soldats ! les Russes se vantent de venir à nous ; nous marcherons à leur rencontre, nous leur épargnerons la moitié du chemin. Ils retrouveront Austerlitz au milieu de la Prusse. Une nation qui a aussitôt oublié la générosité dont nous avons usé envers elle, après cette bataille où son empereur, sa cour, les débris de son armée, n'ont dû leur salut qu'à la capitulation que nous leur avons accordée. est une nation qui ne saurait lutter avec succès contre nous. Cependant, tandis que nous marchons au-devant des Russes. de nouvelles armées, formées dans l'intérieur de l'Empire, viennent prendre nos places, pour garder nos conquêtes. Mon peuple tout entier s'est levé, indigné de la honteuse capitulation que les ministres prussiens, dans leur délire, nous ont proposée ; nos routes et nos villes frontières sont remplies de conscrits qui brûlent de marcher sur vos traces. Nous ne serons plus désormais les jouets d'une paix traîtresse, et nous ne poserons plus les armes que nous n'ayons obligé les Anglais, ces éternels ennemis de notre nation, à renoncer au projet de troubler le continent et à la tyrannie des mers. Soldats ! je ne puis mieux exprimer les sentiments que j'ai pour vous, qu'en vous disant que je vous porte, dans mon cœur, l'amour que vous me montrez tous les jours.

III

Le 21 novembre l'empereur déclare les îles Britanniques en état de blocus. Le 25, il quitte Berlin pour se mettre à la poursuite des Prusssiens et des Russes. Le 27, il entre à Posen, capitale de la Pologne prussienne, où il apprend l'arrivée de Murat à Varsovie. Il adresse aussitôt à l'armée cette proclamation :

Soldats ! il y a aujourd'hui un an, à cette heure même, que vous étiez sur le champ mémorable d'Austerlitz. Les bataillons russes épouvantés fuyaient en déroute, ou, enveloppés, rendaient les armes à leurs vainqueurs. Le lendemain, ils firent entendre des paroles de paix ; mais elles étaient trompeuses. A peine échappés, par l'effet d'une générosité peut être condamnable, aux désastres de la troisième coalition, ils en ont ourdi une quatrième. Mais l'allié sur la tactique duquel ils fondaient leur principale espérance n'est déjà plus. Ses places fortes, ses capitales, ses magasins, deux cent quatre-vingts drapeaux, sept cents pièces de bataille, cinq grandes places de guerre, sont en notre pouvoir, l'Oder, la Wartha, les déserts de la Pologne, les mauvais temps de la saison n'ont pu vous arrêter un moment. Vous avez tout bravé, tout surmonté ; tout a fui à votre approche. C'est en vain que les Russes ont voulu défendre la capitale de cette ancienne et illustre Pologne ; l'aigle française plane sur la Vistule. Le brave et infortuné Polonais, en vous voyant, croit revoir les légions de Sobieski de retour de leur mémorable expédition.

Soldats ! nous ne déposerons point les armes que la paix générale n'ait affermi et assuré la puissance de nos alliés, n'ait restitué à notre commerce sa liberté et ses colonies. Nous avons conquis, sur l'Elbe et sur l'Oder, Pondichéry, nos établissements des Indes, le cap de Bonne-Espérance et les colonies espagnoles. Qui donnerait le droit de faire espérer aux Russes de balancer les destins ! Qui leur donnerait le droit de renverser de si justes desseins ? *Eux et nous ne sommes-nous pas des soldats d'Austerlitz ?*

IV

Le 19 décembre, l'empereur arrive à Varsovie. Les Français sont successivement vainqueurs à Biezun, à Cursomb, à Gulimen, à Pultusk. Les Russes sont en fuite.

La grande armée continue ses triomphes Le 8 janvier 1807, elle remporte la victoire d'Eylau, puis elle rentre dans ses quartiers d'hiver, et, le 16 février, l'empereur lui adresse la proclamation suivante :

Soldats ! nous commencions à prendre un peu de repos dans nos quartiers d'hiver. lorsque l'ennemi a attaqué le premier corps et s'est présenté sur la Basse-Vistule Nous avons marché à lui ; nous l'avons poursuivi, l'épée dans les reins, pendant l'espace de quatre vingts lieues. Il s'est réfugié sous les remparts de ses places, et a repassé le Pregel. Nous lui avons enlevé, aux combats de Bergfried, de Deppen, de Hoff, à la bataille d'Eylau, soixante-cinq pièces de canon, seize drapeaux, et tué, blessé ou pris plus de quarante mille hommes. Les braves, qui, de notre côté, sont restés sur le champ d'honneur, sont morts d'une mort glorieuse : c'est la mort des vrais soldats ! Leurs familles auront des droits constants à notre sollicitude et à nos bienfaits.

Ayant ainsi déjoué tous les projets de l'ennemi, nous allons nous rapprocher de la Vistule et rentrer dans nos cantonnements. Qui osera en troubler le repos s'en repentira ! car, au-delà de la Vistule comme au-delà du Danube, au milieu des frimas de l'hiver comme au commencement de l'automne, nous serons toujours les *soldats français, et les soldats français de la Grande-Armée.*

V

Cependant les coalisés, tout en parlant de leurs désirs de paix poursuivaient les hostilités. De nouvelles batailles se livrent et se terminent par de nouvelles victoires pour les Français à Spanden, à Lomiken, à Deppen, Guttstadt, à Heilsberg. et enfin à Friedland le 14 juin 1807. jour anniversaire de la bataille de Marengo. Le 16, Napoléon est à Kœnigsberg. Le 25 a lieu l'entrevue de Tilsitt entre Napoléon et Alexandre.

Trois jours auparavant Napoléon avait adressé à son armée, la proclamation suivante :

22 juin 1807.

Soldats ! le 5 juin, nous avons été attaqués dans les cantonnements par l'armée russe. L'ennemi s'est mépris sur notre inactivité. Il s'est aperçu trop tard que notre repos était celui du lion ; il se repent de l'avoir troublé. Dans les journées de Guttstadt, de Heilsberg, dans celle à jamais mémorable de Friedland, dans dix jours de campagne enfin, nous avons pris sept cent vingt pièces de canon, sept drapeaux, tué ou blessé, ou fait prisonniers soixante mille Russes, enlevé à l'armée ennemie tous ses magasins, ses hôpitaux. ses ambulances, la place de Kœnigsberg, les trois cents bâtiments qui étaient dans ce port, chargés, de toutes espèces de munitions ; cent soixante mille fusils que l'Angleterre envoyait pour armer nos ennemis. Des bords de la Vistule nous sommes arrivés sur ceux du Niémen avec la rapidité de l'aigle. Vous célébrâtes à Austerlitz l'anniversaire du couronnement ; vous avez cette année dignement célébré celui de la bataille de Marengo, qui mit fin à là guerre de la seconde coalition. Français ! vous avez été dignes de vous et de moi. Vous rentrerez en France couverts de tous vos lauriers, et après avoir obtenu une paix glorieuse qui porte avec elle la garantie de la durée. Il est temps que votre patrie vive en repos, à l'abri de la maligne influence de l'Angleterre. Mes bienfaits vous prouveront ma reconnaissance et toute l'étendue de l'amour que je vous porte.

CAMPAGNE D'ESPAGNE

I

La paix est signée et l'Europe semble pouvoir se reposer de ses longues alarmes, lorsqu'éclate la guerre d'Espagne. Cette nouvelle campagne est d'abord menée par la diplomatie. Les deux prétendants à la couronne d'Espagne, Charles VI et Ferdinand VII, prennent Napoléon pour arbitre de leur différend et finissent par abdiquer l'un et l'autre. Alors Napoléon appelle son frère Joseph au trône d'Espagne. Une partie de la nation espagnole accueille le nouveau roi avec enthousiasme, une autre partie se soulève. Napoléon envoie une armée au secours de son frère et se décide enfin à partir lui-même pour la péninsule où il entre le 4 novembre 1808. Il remporte les victoires de Burgos, Espinosa, Santander, Tudela, Somo-Sierra et le 6 décembre il fait son entrée à Madrid ; le lendemain paraît cette proclamation :

Espagnols ! vous avez été égarés par des hommes pervers. Ils vous ont engagés dans une lutte insensée, et vous ont fait courir aux armes. Est-il quelqu'un parmi vous qui, réfléchissant un moment sur tout ce qui s'est passé, ne soit aussitôt convaincu que vous avez été le jouet des perpétuels ennemis du continent, qui se réjouissaient en voyant répandre le sang espagnol et le sang français ? Quel pouvait être le résultat du succès même de quelques campagnes ! Une guerre de terre sans fin, et une longue incertitude sur le sort de vos propriétés et de votre existence. Dans peu de mois, vous aurez été livrés à toutes les angoisses des factions populaires. La défaite de vos armées a été l'affaire de quelques marches ; je suis entré dans Madrid. Les droits de la guerre m'autorisaient à donner un grand exemple et à laver dans le sang les outrages faits à moi et à ma nation. Je n'ai écouté que la clémence. Quelques hommes, auteurs de tous vos maux, seront seuls frappés. Je me suis empressé de prendre des mesures qui tranquillisent toutes les classes de citoyens, sachant combien l'incertitude est pénible pour tous les peuples et pour tous les hommes. J'ai conservé tous les ordres religieux, mais j'ai restreint le nombre des moines. Avec le surplus des biens des couvents, j'ai pourvu aux besoins des curés, de cette classe la plus intéressante et la plus utile parmi le clergé. J'ai aboli ce *tribunal contre lequel le siècle et l'Europe réclamaient* : les prêtres doivent guider les consciences, mais ne doivent exercer aucune juridiction extérieure et corporelle sur les citoyens. J'ai supprimé des droits usurpés par des seigneurs dans des temps de guerre civile où les rois ont été trop souvent obligés d'abandonner leurs droits pour acheter leur tranquillité et le repos des peuples. J'ai donc aboli les droits féodaux, et chacun pourra établir des hôbelleries, des jours, des moulins, des madragues, des pêcheries et donner un libre essor à son industrie, en observant les lois et les règlements de la police. Comme il n'y a qu'un Dieu, il ne doit y avoir dans un Etat qu'une justice. Toutes les justices particulières avaient été usurpées, et étaient contraires aux droits de la nation ; je les ai détruites. J'ai aussi fait connaître à chacun ce qu'il pouvait avoir à craindre comme ce qu'il pourrait avoir à espérer. Je chasserai les armées anglaises de la Péninsule ; Saragosse ; Valence, Séville, seront soumises ou par la persuation ou par la force des armes. Il n'est aucun obstacle capable de m'arrêter plus longtemps dans l'exécution de ma volonté. Mais ce qui est au dessus de mon pouvoir, c'est de constituer les Espagnols en nation sous les ordres du roi, s'ils continuent à être imbus des principes de scission et de haine envers la France que les partisans des Anglais et les ennemis du continent ont répandus au sein de l'Espagne ; je ne puis établir une nation, un roi, et l'indépendance des Espagnols, si ce roi n'est pas sûr de leur affection et de leur fidélité...

Il me serait facile de gouverner l'Espagne en y établissant autant de vice-rois qu'il y a de provinces : cependant je ne me refuse pas à céder mes droits de conquête au roi et à l'établir dans Madrid, lorsque les 30.000 citoyens que renferme cette capitale, ecclésiastiques, nobles, négociants, hommes de loi, auront manifesté leurs sentiments et leur fidélité, donné l'exemple aux provinces, éclairé le peuple et fait connaître à la nation que son existence et son bonheur dépendent d'un roi et d'une constitution libérales, favorable aux peuples et contraire seulement à l'égoïsme et aux passions orgueilleuses des grands. Si tels sont les sentiments des habitants de la ville de Madrid, que ses 30.000 citoyens se rassemblent dans les églises, qu'ils prêtent devant le Saint-Sacrement un serment qui sorte non seulement de la bouche, mais du cœur ; qu'ils jurent appui, amour et fidélité au roi ; que les prêtres au confessionnal et dans la chaire, les négociants dans leur correspondance, les hommes de loi dans leurs écrits et leurs discours inculquent ces sentiments au peuple ; alors, je me dessaisirai du droit de conquête ; je placerai le roi sur le trône, et je me ferai une douce tâche de me conduire envers les Espagnols en ami fidèle. La génération présente pourra varier dans ses opinions ; trop de passions ont été mises en jeu ; mais vos neveux me béniront comme votre régénérateur : ils placeront au nombre des jours mémorables ceux où j'ai paru parmi vous, et de ces jours datera la prospérité de l'Espagne. Je vous avais dit, dans ma proclamation du 2 juin, que je voulais être votre régénérateur. Aux droits qui m'ont été cédés par les princes de la dernière dynastie, vous avez voulu que j'ajoutasse le droit de conquête ; cela ne changera rien à mes dispositions : je veux même louer ce qu'il peut y avoir eu de généreux dans vos efforts ; je veux reconnaître que l'on vous a caché vos vrais intérêts, qu'on vous a dissimulé le véritable état des choses.

Espagnols ! votre destinée est entre vos mains. Rejetez les poisons que les Anglais ont répandus parmi vous : que votre roi soit certain de votre amour et de votre confiance, et vous serez plus puissants, plus heureux que vous n'avez jamais été. Tout ce qui s'opposait à votre prospérité et à votre grandeur, je l'ai détruit ; les entraves qui pesaient sur le peuple, je les ai brisées. Une constitution libérale vous donne, au lieu d'une monarchie absolue, une monarchie tempérée et constitutionnelle. Il dépend de vous que cette constitution soit encore votre loi. Mais si tous mes efforts sont inutiles, et si vous ne répondez pas à ma confiance, il ne me restera qu'à vous traiter en provinces conquises, et à placer mon frère sur un autre trône. Je mettrai alors la couronne d'Espagne sur ma tête, et je saurai la faire respecter des méchants, car Dieu m'a donné la force et la volonté nécessaires pour surmonter tous les obstacles.

CAMPAGNE DE 1809

I

Tandis que l'Empereur était aux prises avec les difficultés espagnoles. L'Autriche préparait une nouvelle campagne contre la France. Le 9 avril elle envahit la Bavière et l'Italie. Pour répondre à cette violation du traité de Presbourg. Napoléon se met à la tête de son armée d'Allemagne et adresse à la grande armée cette proclamation :

Soldats ! le territoire de la Confédération du Rhin a été violé. Le général autrichien veut que nous fuyons à l'aspect de ses armes, et que nous lui abandonnions nos alliés. J'arrive avec la rapidité de l'éclair. Soldats ! j'étais entouré de vous, lorsque le Souverain d'Autriche vint à mon bivouac de Moravie. Vous l'avez entendu implorer ma clémence et me jurer une amitié éternelle. Vainqueurs dans trois guerres, l'Autriche a dû tout à notre générosité ; trois fois elle a été parjure ! !

Nos succès passés nous sont un sûr garant de la victoire qui nous attend. Marchons donc, et qu'à notre aspect l'ennemi reconnaisse son vainqueur ! ! !

II

Le 25 avril, Napoléon parle ainsi à ses soldats :

Soldats ! vous avez justifié mon attente : vous avez suppléé au nombre par votre bravoure ; vous avez glorieusement marqué la différence qui existe entre les soldats de César et les cohues armées de Xercès. En peu de jours, nous avons triomphé dans les trois batailles de Thann, d'Abensberg et d'Eckmühl, et dans les combats de Pessing, de Landshut et de Ratisbonne ; cent pièces de canon, quarante drapeaux, cinquante mille prisonniers, trois équipages attelés, trois mille voitures attelées portant les bagages, toutes les caisses des régiments : voilà le résultat de la rapidité de vos marches et de votre courage. L'ennemi, enivré par un cabinet parjure, paraissait ne plus conserver aucun souvenir de vous. Son réveil a été prompt : vous lui avez apparu plus terribles que jamais. Naguère il a traversé l'Inn et envahi le territoire de nos alliés ; naguère il se promettait de porter la guerre au sein de notre patrie : aujourd'hui, défait, épouvanté, il fuit en désordre ; déjà mon avant-garde a passé l'Inn ; avant un mois nous serons à Vienne.

III

Le 13 mai, Vienne est pris après un bombardement de quelques heures. L'Empereur adresse le lendemain cette proclamation à son armée :

Soldats ! Un mois après que l'ennemi a passé l'Inn, au même jour, à la même heure, nous sommes entrés dans Vienne. Ses landwehrs, ses levées en masse, ses remparts créés par la rage impuissante des princes de la maison de Lorraine, n'ont point soutenu vos regards. Les princes de cette maison ont abandonné leur capitale, non comme des soldats d'honneur qui cèdent aux circonstances et aux revers de la guerre, mais comme des parjures que poursuivent leurs propres remords. En fuyant de Vienne, leurs adieux à ses habitants ont été le meurtre et l'incendie : comme Médée, ils ont de leurs propres mains égorgé leurs enfants.
Soldats ! le peuple de Vienne, selon l'expression de la députation de ses faubourgs, délaissé, abandonné, veuf, sera

l'objet de vos égards ; j'en prends les bons habitants sous ma spéciale protection. Quant aux hommes turbulents et méchants, j'en ferai une justice exemplaire.

Soldats ! soyez bons pour les pauvres paysans et pour ce bon peuple qui a tant de droits à notre estime : ne conservons aucun orgueil de nos succès, voyons-y une preuve de cette justice divine qui punit l'ingrat et le parjure.

IV

Le 27 mai, après la victoire d'Essling, l'armée d'Italie opère sa jonction avec l'armée d'Allemagne. Napoléon adresse alors cette proclamation à ses braves :

Soldats de l'armée d'Italie ! vous avez glorieusement atteint le but que je vous avais marqué ; le Somering a été témoin de votre jonction avec la Grande-Armée. Soyez les biens-venus ! Je suis content de vous ! Surpris par un ennemi perfide, avant que vos colonnes fussent réunies, vous avez dû rétrograder jusqu'à l'Adige. Mais lorsque vous reçûtes l'ordre de marcher en avant, vous étiez sur le champ mémorable d'Arcole, et là vous jurâtes, sur les mânes de nos héros, de triompher. Vous avez tenu parole à la bataille de la Piave, aux combats de Saint-Daniel, de Tarvis, de Goritz, vous avez pris d'assaut les forts de Malborghetto, de Pradella, et fait capituler la division ennemie retranchée dans Prevald et Laybach. Vous n'aviez pas encore passé la Drave, et déjà vingt-cinq mille prisonniers, soixante pièces de bataille, dix drapeaux, avaient signalé votre valeur. Depuis. la Drave, la Savè, la Muer, n'ont pu retarder votre marche. La colonne autrichienne de Jallachich, qui la première entra dans Munich, qui donna le signal des massacres dans le Tyrol, environnée à Saint Michel, est tombée dans vos baïonnettes. Vous avez fait une prompte justice de ces débris dérobés à la colère de la Grande-Armée. Soldats ! cette armée autrichienne d'Italie, qui, un moment, souilla par sa présence mes provinces, qui avait la prétention de briser ma couronne de fer, battue, dispersée, anéantie, grâce à vous, sera un exemple de la vérité de cette devise : *Dio la mi dicte, guot a che la tocca ! Dieu me l'a donné, gare à qui la touche !*

CAMPAGNE DE RUSSIE

I

Les 6 et 7 juillet 1809 grande victoire de Wagram. L'Autriche signe la paix à Schœnnbrunn. Le 2 avril 1810, mariage de Napoléon avec Marie-Louise fille de l'empereur d'Autriche. Le 20 mars 1811, naissance du roi de Rome, fils de Napoléon. En 1812, la Russie cesse d'observer le blocus continental ; Napoléon, pour réprimer cette infraction aux traités conclus avec la France, marche contre l'empereur Alexandre et s'avance vers les frontières de la Russie. La grande armée se réunit sur les bords du Niémen, Napoléon lui parle ainsi :

Soldats ! La seconde guerre de Pologne est commencée. La première s'est terminée à Friedland et à Tilsitt : à Tilsitt, la Russie a juré éternelle alliance à la France et guerre à l'Angleterre. Elle viole aujourd'hui ses serments. Elle ne veut donner aucune explication de son étrange conduite, que les aigles françaises n'aient repassé le Rhin, laissant par là nos alliés à sa discrétion. La Russie est entraînée par la fatalité ! ses destins doivent s'accomplir. Nous croirait-elle donc dégénérés ? Ne serions-nous donc plus les soldats d'Austerlitz ? Elle nous place entre le déshonneur et la guerre. Le choix ne saurait être douteux. Marchons donc en avant ! Passons le Niémen ! Portons la guerre sur son territoire. La seconde guerre de Pologne sera glorieuse aux armes françaises, comme la première ; mais la paix que nous conclurons portera avec elle sa garantie, et mettra un terme à cette perpétuelle influence que la Russie a exercée depuis cinquante ans sur les affaires de l'Europe.

II

La grande armée effectue le passage du Niémen, entre à Wilna, remporte d'étape en étape dix-huit victoires et, le 14 Septembre 1812, sept jours après la bataille de la Moskova, entre dans Moscou. Les Russes mettent le feu à cette capitale. Les Français sont forcés d'opérer leur retraite. Alors, par suite du froid excessif, commencent les désastres. On passe la Bérésina en déroute. L'Empereur, obligé de rentrer à Paris, remet le commandement en chef de l'armée au roi de Naples, qui le cède au prince Eugène. La Prusse fait cause commune avec la Russie. Les débris de l'armée française, poursuivie par les coalisés, se retirent derrière la Vistule et l'Elbe. Napoléon quitte Paris pour venir à leur secours et le 2 mai remporte la victoire de Lutzen en Saxe. Le lendemain il harangue ainsi ses soldats :

Soldats ! Je suis content de vous ! vous avez rempli mon attente ! Vous avez suppléé à tout par votre bonne volonté et par votre bravoure. Vous avez, dans la célèbre journée du 2 mai, défait et mis en déroute l'armée russe et prussienne commandée par l'empereur Alexandre et le roi de Prusse. Vous avez ajouté un nouveau lustre à la gloire de mes aigles ; vous avez montré tout ce dont est capable le sang français. La bataille de Lutzen sera, mise au-dessus des batailles d'Austerlitz, d'Iéna, de Friedland et de la Moskowa ! Dans la campagne passée, l'ennemi n'a trouvé de refuge contre nos armées qu'en suivant la méthode féroce des barbares ses ancêtres. Des armées de Tartares ont incendié ses campagnes, ses villes, la sainte Moscow elle-même !

Aujourd'hui ils arrivent dans nos contrées, précédés de tout ce que l'Allemagne, la France et l'Italie ont de mauvais sujets et de déserteurs, pour y prêcher la révolte, l'anarchie, la guerre civile, le meurtre. Ils se sont faits les apôtres de tous les crimes. C'est un incendie moral qu'ils voulaient allumer entre la Vistule et le Rhin, pour, selon l'usage des gouvernements despotiques, mettre des déserts entre nous et eux Les insensés ! qu'ils connaissaient peu l'attachement à leurs souverains, la sagesse, l'esprit d'ordre et le bon sens des Allemands ! qu'ils connaissaient peu la puissance et la bravoure des Français !

Dans une seule journée, vous avez déjoué tous ces complots parricides. . Nous rejetterons ces Tartares dans leurs affreux climats qu'ils ne doivent pas franchir. Qu'ils restent dans leurs déserts glacés, séjour d'esclavage, de barbarie et de corruption, où l'homme est ravalé à l'égal de la brute. Vous avez bien mérité de l'Europe civilisée, Soldats ! l'Italie, la France, l'Allemagne vous rendent des actions de grâces !

CAMPAGNE DE FRANCE

I

L'empereur est encore vainqueur à Bautzen, mais l'Autriche, après avoir offert sa médiation, se déclare contre lui, et s'allie avec la Russie et la Prusse. Napoléon remporte la victoire de Dresde, mais ne pouvant tenir tête avec ses 130 000 hommes contre 300 000 Allemands et Russes qui l'attaquent à Leipzig, il leur cède le champ de bataille après l'avoir défendu pendant trois jours (18 octobre 1813). Les coalisés le suivent jusqu'au Rhin. Napoléon déploie alors les plus sublimes efforts de son génie pour défendre dans cette campagne suprême le sol de la patrie contre l'étranger.

Au corps législatif qui lui oppose de la résistance, il adresse ces paroles virulentes (1er janvier 18 4) :

Messieurs, je vous ai appelés pour m'aider à sauver la
France. Vous dites et faites ce qu'il faut pour seconder
l'étranger : au lieu de nous réunir vous nous divisez... Dans
une monarchie, le trône et le monarque ne se séparent point. .
Qu'est-ce qu'un trône ? un morceau de bois recouvert de
velours ; dans la langue politique, le trône, c'est moi. Vous
parlez du peuple, mais n'en suis-je pas le premier représentant ?
n'est ce pas à moi qu'il a donné quatre millions de suffrages ?
On ne peut m'attaquer sans attaquer la nation. S'il y a quelques
abus, est ce le moment de me faire des remontrances, quand
deux cent mille Cosaques franchissent nos frontières ? Quand
il s'agit de sauver la liberté politique et l'indépendance
nationale, est ce le moment de disputer sur les libertés et les
sûretés individuelles ? Vos idéologues demandent des garanties
contre le pouvoir ; dans ce moment la France ne m'en demande
que contre l'ennemi !

II

Placé entre les deux armées qui marchent sur Paris, Napoléon les bat l'une
et l'autre en vingt combats à Champaubert, à Montmirail, a Château Thierry, à
Montereau à Arcis-sur-Aube, à Saint-Dizier. Puis il essaye de passer derrière
les envahisseurs afin de les prendre entre son armée et Paris. Mais tandis que
l'empereur est partout vainqueur, le duc de Raguse, Marmont, chargé de
défendre la capitale, la livre à l'ennemi. Les coalisés entrent le 31 février dans
Paris. Le 1er avril, Napoléon est à Fontainebleau, il passe sa garde en revue et dit.

Soldats ! l'ennemi nous a dérobé trois marches et s'est rendu
maître de Paris : il faut l'en chasser. D'indignes Français, des
émigrés, auxquels nous avions pardonné, ont arboré la cocarde
blanche et se sont joints à nos ennemis. Les lâches ! ils
recevront le prix de ce nouvel attentat. Jurons de vaincre ou
de mourir, et de faire respecter cette cocarde tricolore qui,
depuis vingt ans, nous trouve dans le chemin de la gloire et
de l'honneur.

III

Le 2 avril 1814, le Sénat proclame la déchéance de l'empereur. Cette conduite
jointe à la trahison de Marmont, oblige Napoléon à abdiquer (11 avril 1814).
Il choisit pour retraite l'île d'Elbe, et le 20 avril, il adresse dans la cour du
château de Fontainebleau ses adieux à ses braves, il tend la main à chacun
de ses généraux, puis s'avance vers la garde, et d'une voix émue et ferme il dit :

Soldats de ma vieille garde ! je vous fais mes adieux ! Depuis
vingt ans, je vous ai trouvés constamment sur le chemin de

l'honneur et de la gloire. Dans ces derniers temps, comme dans ceux de ma prospérité, vous n'avez cessé d'être des modèles de bravoure et de fidélité, avec des hommes tels que vous, notre cause n'était pas perdue ; mais la guerre était interminable. C'eût été la guerre civile et la France n'en serait devenue que plus malheureuse. J'ai donc sacrifié tous nos intérêts à ceux de la patrie. Je pars ! Vous, mes amis, continuez de servir la France. Son bonheur était mon unique pensée ; il sera toujours l'objet de mes vœux ! Ne plaignez pas mon sort. Si j'ai consenti à me survivre, c'est pour servir encore votre gloire. Je veux écrire les grandes choses que nous avons faites ensemble .. Adieu, mes enfants, je voudrais vous embrasser tous sur mon cœur ; que j'embrasse au moins votre général. Venez, général Petit, que je vous presse sur mon cœur! Qu'on m'apporte l'aigle, que je l'embrasse aussi ! Ah ! chère aigle, puisse le baiser que je te donne retentir dans la postérité ! Adieu, mes enfants mes vœux vous accompagneront toujours; gardez mon souvenir.

A ces mots, le général Petit, saisissant l'aigle, s'avança : Napoléon reçut le général dans ses bras et baisa le drapeau.

Adieu, mes enfants ; adieu encore une fois, mes vieux compagnons ! que ce dernier baiser passe dans tous vos cœurs !

LES CENT JOURS. — WATERLOO. — Ste-HÉLÈNE

I

Napoléon arriva à l'île d'Elbe le 3 mai 1814. Il y séjourna onze mois environ Pendant ce temps les Bourbons restaient aux prises avec les ennemis de la France. Louis XVIII, cédant aux rancunes et aux représailles des anciens émigrés, laissait prendre contre les vétérans de la grande armée des mesures qui excitaient leur indignation Napoléon crut le moment favorable pour se décider à rentrer en France. Le 26 février 1815, il quitte l'île d'Elbe, débarque au golfe Juan sur les côtes de Provence, traverse la France entière et rentre dans Paris. Aussitôt il lance ces deux proclamations :

Au Golfe Juan, 1er mars 1815.

Soldats ! *Nous n'avons pas été vaincus !* Deux hommes sortis de nos rangs ont trahi nos lauriers, leur pays, leur prince, leur bienfaiteur. Ceux que nous avons vus pendant vingt cinq ans parcourir toute l'Europe pour nous susciter des ennemis, qui ont passé leur vie à combattre contre nous dans les rangs des

armées étrangères en maudissant notre belle France, préten-
draient-ils commander et enchaîner nos aigles, eux qui n'ont
jamais pu en soutenir les regards ? Souffrirons-nous qu'ils
héritent du fruit de nos glorieux travaux ; qu'ils s'emparent
de nos honneurs, de nos biens, qu'ils calomnient notre gloire ?
Si leur règne durait, tout serait perdu, même le souvenir de
ces immortelles journées. Avec quel acharnement ils les
dénaturent ! Ils cherchent à empoisonner ce que le monde
admire, et s'il reste encore des défenseurs de notre gloire,
c'est parmi ces mêmes ennemis que nous avons combattus
sur le champ de bataille. Soldats ! dans mon exil, j'ai entendu
votre voix, je suis arrivé à travers tous les obstacles et tous
les périls.

Votre général appelé au trône par le choix du peuple, et
élevé sur vos pavois, vous est rendu ; venez le joindre. Arra-
chez ces couleurs que la nation a proscrites, et qui, pendant
vingt-cinq ans, servirent de ralliement à tous les ennemis de
la France. Arborez cette cocarde tricolore : vous la portiez
dans nos grandes journées ! Nous devons oublier que nous
avons été les maîtres des nations, mais nous ne devons pas
souffrir qu'aucun se mêle de nos affaires. Qui prétendrait être
maître chez nous ? Qui en aurait le pouvoir ? Reprenez ces
aigles que vous aviez à Ulm, à Austerlitz. à Iéna, à Eylau, à
Friedland, à Lutzen, à Vurschen, à Montmirail. Pensez-vous
que cette poignée de Français, aujourd'hui si arrogants,
puissent en soutenir la vue ? Ils retourneront d'où ils viennent,
et là, s'ils le veulent, ils règneront comme ils prétendent
avoir régné pendant dix-neuf ans. Vos biens, vos rangs, votre
gloire, les biens, les rangs et la gloire de vos enfants, n'ont
pas de plus grands ennemis que ces princes que les étrangers
nous ont imposés : ils sont les ennemis de notre gloire,
puisque le récit de tant d'actions héroïques qui ont illustré le
peuple français combattant contre eux pour se soustraire à
leur joug, est leur condamnation. Les vétérans des armées de
Sambre-et-Meuse, du Rhin, d'Italie, d'Egypte, de l'Ouest, de
la Grande-Armée sont humiliés ; leurs honorables cicatrices
sont flétries, leurs succès seraient des crimes, ces braves
seraient des rebelles, si comme le prétendent les ennemis du
peuple, des souverains légitimes étaient au milieu des armées
étrangères. Les honneurs, les récompenses, les affections sont
pour ceux qui les ont servis contre la patrie et nous.

Soldats ! venez vous ranger sous les drapeaux de votre
chef. Son existence ne se compose que de la vôtre : ses droits
ne sont que ceux du peuple et les vôtres : son intérêt, son

honneur, sa gloire ne sont autres que votre intérêt, votre honneur et votre gloire. La victoire marchera au pas de charge ; l'aigle, avec les couleurs nationales, volera de clocher en clocher jusqu'aux tours de Notre-Dame, alors vous pourrez montrer avec honneur vos cicatrices, alors vous pourrez vous vanter de ce que vous aurez fait ; vous serez les libérateurs de la patrie ! Dans votre vieillesse, entourés et considérés de vos concitoyens, ils vous entendront avec respect raconter vos hauts faits, vous pourrez dire avec orgueil : *Et moi aussi je faisais partie de cette Grande-Armée* qui est entrée deux fois dans les murs de Vienne, dans ceux de Rome, de Berlin, de Madrid, de Mo·cou, qui a délivré Paris de la souillure que la trahison et la présence de l'ennemi y ont empreinte. Honneur à ces braves soldats, la gloire de la patrie, et honte éternelle aux Français criminels, dans quelque rang que la fortune les ait fait naître, qui combattirent vingt-cinq ans avec l'étranger pour déchirer le sein de la patrie !

II

Napoléon, par la grâce de Dieu et les constitutions de l'Empire, Empereur des Français, etc., au peuple français.

Au golfe Juan, le 1er mars 1815.

La défection du duc de Castiglione livra Lyon sans défense à nos ennemis ; l'armée dont je lui avais confié le commandement était, par le nombre de ses bataillons, la bravoure et le patriotisme des troupes qui la composaient. à même de battre le corps d'armée autrichien qui lui était opposé, et d'arriver sur les derrières du flanc gauche de l'armée ennemie qui menaçait Paris.

Les victoires de Champaubert, de Montmirial, de Château-Thierry, de Vauchamp, de Normans. de Montereau, de Craonne, de Reims, d'Arcis-sur-Aube et de Saint-Dizier ; l'insurrection des braves paysans de la Lorraine, de la Champagne, de l'Alsace, de la Franche-Comté et de la Bourgogne, et la position que j'avais prise sur les derrières de l'armée ennemie en la séparant de ses magasins, de ses parcs de réserve, de ses convois et de tous ses équipages, l'avaient placée dans une situation désespérée. Les Français ne furent jamais sur le point d'être plus puissants, et l'élite de l'armée ennemie était perdue sans ressources : elle eût trouvé son tombeau dans ces vastes contrées qu'elle avait si impitoyablement saccagées, lorsque la trahison du duc de Raguse livra la capitale et désormais l'armée. La conduite inattendue de ces deux généraux, qui trahirent à la fois leur patrie, leur prince et leur bienfaiteur, changea le destin de la guerre. La situation désastreuse de l'ennemi était telle, qu'à la fin de l'affaire qui eut lieu devant Paris, il était sans munitions par la séparation de ses parcs de réserve.

Dans ces nouvelles et grandes circonstances, mon cœur fut déchiré, mais mon âme resta inébranlable. Je ne consultai que l'intérêt de la patrie ; je m'exilai sur un rocher au milieu des mers. Ma vie vous était et devait encore vous être utile ; je ne permis pas que le grand nombre de citoyens qui voulaient m'accompagner partageassent mon sort ; je crus leur présence utile à la France, et je n'emmenai avec moi qu'une poignée de braves, nécessaires à ma garde.

Elevé au trône par votre choix, tout ce qui a été fait sans vous est illégitime. Depuis vingt-cinq ans, la France a de nouveaux intérêts, de nouvelles institutions, une nouvelle gloire, qui ne peuvent être garantis que par un gouvernement national et par une dynastie née dans ces nouvelles circonstances. Un prince qui régnerait sur vous, qui serait assis sur mon trône par la force des mêmes armées qui ont ravagé notre territoire, chercherait en vain à s'étayer des principes du droit féodal, il ne pourrait assurer l'honneur et les droits que d'un petit nombre d'individus ennemis du peuple qui depuis vingt-cinq ans les a condamnés dans toutes nos assemblées nationales. Votre tranquillité intérieure et votre considération extérieure seraient perdues à jamais.

Français ! dans mon exil, j'ai entendu vos plaintes et vos vœux ; vous réclamiez ce gouvernement de votre choix qui seul est légitime ; vous accusiez mon long sommeil ; vous me reprochiez de sacrifier à mon repos les grands intérêts de la patrie.

J'ai traversé les mers au milieu des périls de toute espèce ; j'arrive parmi vous reprendre mes droits qui sont les vôtres. Tout ce que des individus ont fait, écrit ou dit depuis la prise de Paris, je l'ignorerai toujours : cela n'influera en rien sur le souvenir que je conserve des services importants qu'ils ont rendus ; car il est des événements d'une telle nature, qu'ils sont au dessus de l'organisation humaine.

Français ! il n'est aucune nation, quelque petite qu'elle soit, qui n'ait eu le droit et ne se soit soustraite au déshonneur d'obéir à un prince imposé par un ennemi momentanément victorieux. Lorsque Charles VII rentra à Paris et renversa le trône éphémère de Henri VI, il reconnut tenir son trône de la vaillance de ses braves, et non d'un prince régent d'Angleterre.

C'est aussi à vous seuls et aux braves de l'armée que je fais et ferai toujours gloire de tout devoir.

III

Cependant, en apprenant le retour de Napoléon, les alliés s'étaient remis en marche contre la France. Il fallut combattre, quoique l'empereur eût écrit à tous les souverains qu'il voulait la paix, et quoiqu'il eût confirmé ses dispositions pacifiques par la promulgation de l'*Acte additionnel aux constitutions de l'Empire*. L'Empereur marche en Belgique au devant des armées étrangères qui s'apprêtaient à envahir la France.

Le 18 juin 1815 : soit trahison, soit fatalité, l'armée française, prise entre la colonne de Bulow et celle de Blucher à Waterloo, au moment où elle écrasait les Anglais est mise en déroute, et Napoléon est forcé d'abdiquer une seconde fois. Le lendemain paraît cette proclamation :

Français ! en commençant la guerre pour soutenir l'indépendance nationale, je comptais sur la réunion de tous les efforts, de toutes les volontés et le concours de toutes les autorités nationales ; j'étais fondé à en espérer le succès, et j'avais bravé toutes les déclarations des puissances contre moi.

Les circonstances me paraissent changées. Je m'offre en sacrifice à la haine des ennemis de la France. Puissent-ils être sincères dans leurs déclarations, n'en avoir voulu réellement qu'à ma personne.

Ma vie politique est terminée, et je proclame mon fils sous le titre de Napoléon II, empereur des Français.

Les ministres actuels formeront provisoirement le conseil de gouvernement. L'intérêt que je porte à mon fils m'engage à inviter les Chambres à organiser sans délai la *régence* par une loi.

Unissez-vous tous pour le salut public et pour rester une nation indépendante.

IV

Le 25 juillet, Napoléon quitte Paris pour se rendre à Rochefort, d'où il espère pouvoir s'embarquer pour les Etats-Unis. De la Malmaison, il adresse à ses anciens compagnons d'armes ces adieux :

Soldats ! Quand je cède à la nécessité qui me force de m'éloigner de la brave armée française, j'emporte avec moi l'heureuse certitude qu'elle justifiera, par ses services que la patrie attend d'elle, les éloges que nos ennemis eux-mêmes ne peuvent pas lui refuser. Soldats, je suivrai vos pas, quoique absent. Je connais tous les corps, et aucun d'eux ne remportera aucun avantage signalé que je ne rende justice au courage qu'il aura déployé. Vous et moi, nous avons été calomniés. Des hommes indignes d'apprécier vos travaux ont vu dans les marques d'attachement que vous m'avez données un zèle dont j'étais le seul objet ; que vos succès futurs leur apprennent que c'était la patrie par-dessus tout que vous serviez en m'obéissant, et que, si j'ai quelque part à votre affection, je le dois à mon ardent amour pour la France, notre mère commune.

Soldats ! encore quelques efforts et la coalition est dissoute. Napoléon vous reconnaîtra aux coups que vous allez porter. Sauvez l'honneur, d'indépendance des Français. Soyez jusqu'à la fin tels que je vous ai connus depuis vingt ans, et vous serez invincibles.

V

Napoléon arrive à Rochefort le 3 juillet. Empêché par les croisières anglaises de s'embarquer pour l'Amérique, il cède aux offres du capitaine Maitland, commandant le vaisseau anglais le *Bellerophon*, et il écrit au premier régent d'Angleterre :

Altesse royale ! En butte aux factions qui divisent mon pays et à l'inimitié, des plus grandes puissances de l'Europe, j'ai consommé ma carrière politique Je viens, comme Thémistocle m'asseoir au foyer du peuple britannique ; je me mets sous la protection de ses lois, que je réclame de votre Altesse Royale, et comme celle du plus puissant, du plus constan du plus généreux de mes ennemis.

VI

Le gouvernement anglais, au lieu d'exercer loyalement les devoirs de l'hospitalité à l'égard du vaincu fait notifier à Napoléon sa déportation à l'île de Sainte-Hélène, à deux mille lieues de l'Europe, Napoléon écrit alors la lettre suivante :

4 août 1815, à bord du *Bellérophon*,

Je proteste solennellement ici, à la face du ciel et des hommes, contre la violence qui m'est faite, contre la violation de mes droits les plus sacrés, en disposant par la force de ma personne et de ma liberté. Je suis venu *librement* à bord du *Bellérophon* ; je ne suis pas prisonnier ; je suis l'hôte de l'Angleterre. Je suis venu à l'*instigation même* du capitaine, qui a dit avoir des ordres du gouvernement de me recevoir et de me conduire en Angleterre avec ma suite, si cela m'était agréable. Je me suis présenté de *bonne foi* pour venir me mettre sous la protection des lois d'Angleterre. Aussitôt assis à bord du *Bellérophon*, je fus sur le foyer du peuple britannique. Si le gouvernement, en donnant des ordres au capitaine du *Bellérophon* de me recevoir ainsi que ma suite, n'a voulu que tendre une embûche, il a forfait à l'honneur et flétri son pavillon.

Si cet acte se consommait, ce serait en vain que les Anglais voudraient parler désormais de leur loyauté, de leurs lois et de leur liberté ; la foi britannique se trouvera perdue dans l'hospitalité du *Bellérophon*.

J'en appelle à l'histoire !.... Elle dira qu'un ennemi qui fit vingt ans la guerre au peuple anglais vint *librement*, dans son *infortune*, chercher un *asile* sous ses lois. Quelle plus éclatante preuve pouvait-il lui donner de son estime et de sa confiance ? Mais comment répondit on en Angleterre à une telle magnanimité ! On feignit de tendre une main hospitalière à cet ennemi, et quand il se fut livré de bonne foi, on l'immola !

Qui n'a vu souvent à l'entrée de l'hiver, au milieu des campagnes déjà ravagées, un chêne puissant étalant au loin ses rameaux sans verdure, et ayant à ses pieds les débris désséchés de sa riche végétation ? Tout autour règnent le froid et le silence, et par intervalles, on entend à peine le bruit léger d'une feuille qui tombe. L'arbre, immobile et fier, n'a plus que quelques feuilles jaunies prêtes à se détacher comme les autres, mais il n'en domine pas moins la plaine de sa tête sublime et dépouillée. Tel fut Napoléon à Sainte-Hélène. Il vit disparaître une à une les fidélités et les admirations qui l'avaient suivi à travers les innombrables vicissitudes de la vie. Quelques amis, dévoués jusqu'à la dernière heure, comme Bertrand, Las Cases, Marchand, demeurèrent auprès de lui et partagèrent son exil. Le 5 mai 1821, il expira. Celui qui fut le maître des rois mourut leur prisonnier.

> Être d'un siècle par la pensée et la vie,
> Émousser le poignard, décourager l'envie ;
> Ébranler, raffermir l'univers incertain,
> Aux sinistres clartés de ta foudre qui gronde,
> Vingt fois contre les dieux jouer le sort du monde ;
> Quel rêve ! ! ! et ce fut ton destin !
>
> Tu tombas cependant de ce sublime faîte ;
> Sur ce rocher désert jeté par la tempête,
> Tu vis tes ennemis déchirer ton manteau,
> Et le sort, ce seul dieu qu'adora ton audace,
> Pour dernière faveur t'accorda cet espace,
> Entre le trône et le tombeau

Son cercueil est fermé ! Dieu l'a jugé. Silence !

Napoléon 1er n'a point cessé encore aujourd'hui d'avoir des panégyristes enthousiastes et des détracteurs passionnés. L'histoire, plus juste à son égard, dira avec la postérité, sans excuser ses fautes, mais sans rien ôter à sa grandeur, que, marqué indéniablement par Dieu du sceau du génie, il eut la destinée la plus surprenante qu'ait connue l'humanité.

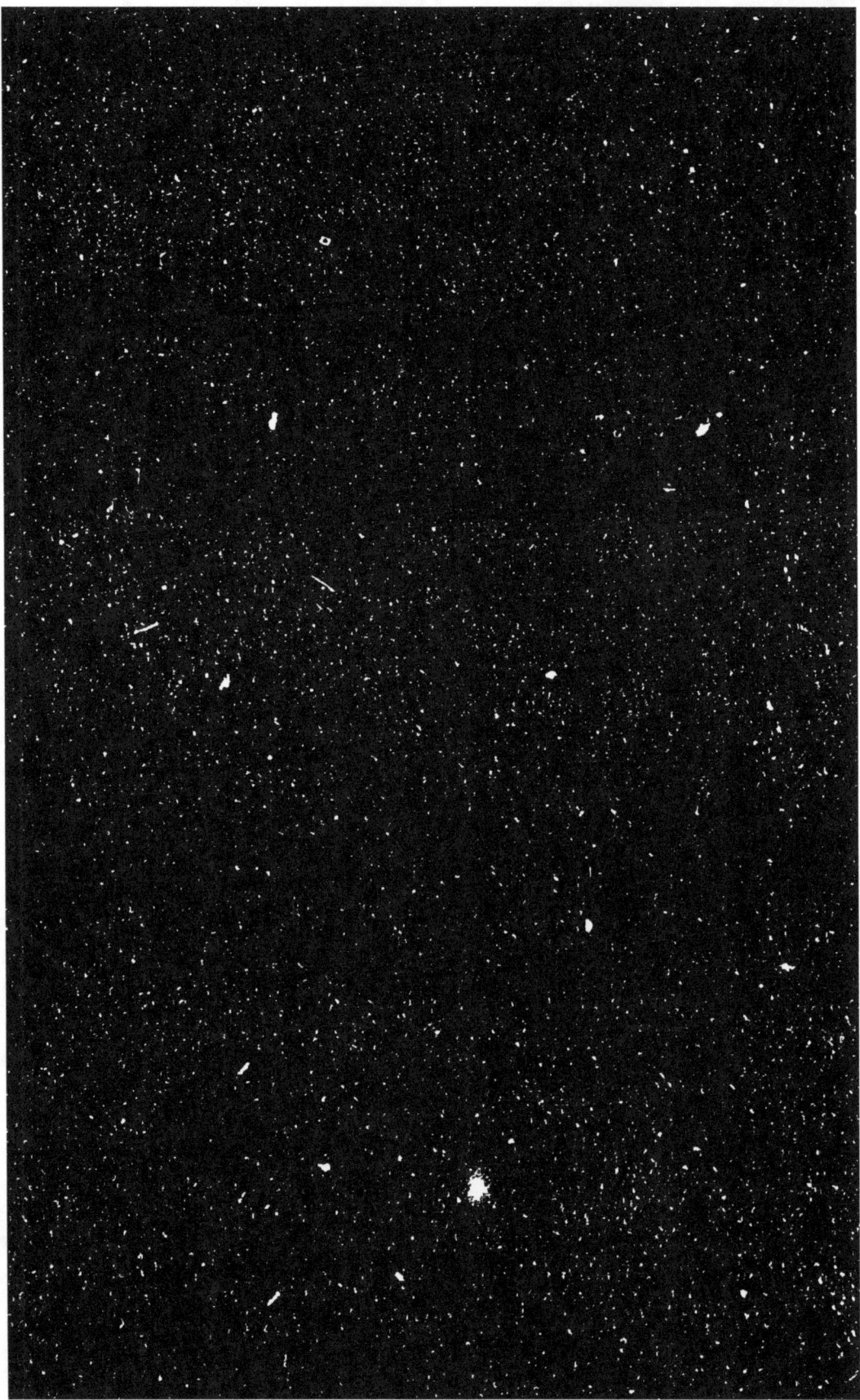

www.ingramcontent.com/pod-product-compliance
Lightning Source LLC
LaVergne TN
LVHW022031080426
835513LV00009B/981